Georg Schwikart
Niemand geht ohne Spuren

topos taschenbücher, Band 752
Eine Produktion des Lahn-Verlags

In Memoriam
MEINEN ELTERN
FRANZ SCHWIKART UND URSULA SCHWIKART
* 1932   † 1966   * 1933   † 2000

Georg Schwikart

Niemand geht ohne Spuren

Mit dem Tod leben

topos taschenbücher

Verlagsgemeinschaft topos plus
Butzon & Bercker, Kevelaer
Don Bosco, München
Echter, Würzburg
Lahn-Verlag, Kevelaer
Matthias Grünewald Verlag, Ostfildern
Paulusverlag, Freiburg (Schweiz)
Friedrich Pustet, Regensburg
Tyrolia, Innsbruck

Eine Initiative der Verlagsgruppe engagement

Bibliografische Information der Deutschen Nationalbibliothek
Die Deutsche Nationalbibliothek verzeichnet diese Publikation in der
Deutschen Nationalbibliografie; detaillierte bibliografische Daten
sind im Internet über http://dnb.d-nb.de abrufbar.

2011 Verlagsgemeinschaft **topos** plus, Kevelaer
Das © und die inhaltliche Verantwortung liegen beim
Lahn-Verlag, Kevelaer

Einband- und Reihengestaltung | Finken & Bumiller, Stuttgart
Umschlagabbildung | photocase, jana-milena
Satz | Aalexx Druck GmbH | Großburgwedel
Herstellung | Pustet | Regensburg
Printed in Germany

Topos-ISBN: 978-3-8367-0752-7
www.toposplus.de

Über-Leben

Weiß denn, wer Agonie erlitten,
doch den Tod im Kampf bezwang,
dass, zwar dem letzten „Aus!" entglitten,
nun klingt bei allen seinen Schritten
im Ohr ein Hall von Abgesang?

Weiß denn, wer mit dem Tode rang
das Leben wirklich neu zu schätzen?
Man sollt' es denken, doch ich bang,
dass die Erfahrungen nicht lang
sich ins Bewusstsein setzen.

Ich weiß: Die Glieder sich verrenkt,
wer gierig nach dem Leben greift.
Ich weiß nicht, ob es einer lenkt.
Ich spüre nur, es wird geschenkt,
wenn's langsam hin zur Liebe reift.

Inhalt

Das Geheimnis bleibt 9

I. Du darfst trauern!

Irgendwie war er immer da 13
Darf man ihn beerdigen? 19
Kathrins Apfelbaum 21
Die Erna von der Post 24
Ein unauffälliger Mann........................... 25
Das Leben nach dem Tod 28
Die Asche seiner Mutter 29
„Mama!" 30
Loslassen 33
Es ist vollbracht 34
Nobody knows the trouble I've seen 36

II. Manchmal ist das Leben bitterer als der Tod

Eine Aufgabe, die die Mühe lohnt 43
Handkuss für die Mutter 48
Überraschung.................................... 49
Pietätlos? 51
Eine alte Frau 54
Ein Toter gehört keinem 56
Er kam immer zuerst.............................. 58
Strafrechtlich nicht relevant 60
Frau Kempfs Mutter 63
Ulrich Trontheims größter Tag..................... 65
Zweidimensionale Erinnerungen 65
Mögen Engel dich geleiten......................... 67

III. Die Zeit des Abschieds ist nicht die Zeit des Verstehens

Eigentümliche Faszination 73
Quälende Fragen 76
Einem Erdbeben gleich 77
Simone will mehr 80
Rettungsringe im Meer der Trauer 83
Es geschah unter meinem Fenster 86
Ein Nachmittag im Advent 89
Alle Klugheit – relativiert 92
Jedermann 100

IV. Weiter geht es – anders als vorher

„Kommt, ihr Töchter, helft mir klagen" 105
Mag sein, jemand öffnet die Tür 108
Sehnsucht nach Leben 110
Wenn ein Lied nicht aus dem Sinn geht 111
Tears in heaven 113
Zettelgeschichten 115
Streuselkuchen 118
Sind Hunde treuer als Menschen? 119
Ein schnelles Ende 121
Erntezeit 122
Und nachher Freibier, auf mein Wohl! 123
Möge das nie geschehen 127
Emmi wird mir fehlen 128

V. Ein Thema, mit dem man nie fertig wird

Chronik eines Abschieds 133
Im Himmel ist heute ein Fest 139

Das Geheimnis bleibt

Ob wir wollen oder nicht, der Tod ist ein Thema in unserem Leben – vielleicht *das* Thema schlechthin. Jeder von uns ist dem Tod begegnet; jeder hat schon mitbekommen, wie er heimtückisch oder erwartet, überraschend, ersehnt oder frei gewählt einen Menschen geholt hat.

Gibt es eine rechte Zeit für den Tod? Er scheint doch zu kommen, wann er will.

Das Sterben, die Trauer, alles kann verharmlost oder übertrieben dramatisiert werden; wer wollte jedoch bestimmen, wie der angemessene Umgang mit dem Tod auszusehen habe? Zynismus, Ignoranz oder Furcht sind nicht zu verurteilen; aber helfen sie uns?

Wir können uns dem Thema Tod verschließen, so tun, als ginge es uns nichts an. Wir können uns aber auch naturwissenschaftlich, philosophisch, theologisch, medizinisch, psychologisch, juristisch, pragmatisch, ... damit auseinandersetzen. Das Geheimnis des Todes freilich kann damit nicht erklärt werden.

Dieses Buch befasst sich auf seine eigene Weise mit dem Tod, nämlich erzählend. Alle Geschichten, die hier aufgeschrieben wurden, sind authentisch: Auch wenn die Namen und Umstände geändert wurden, so ist das Erzählte doch wahr. Es hat diese Menschen und Schicksale gegeben. Dass hier davon berichtet wird, ist keine Zur-Schau-Stellung von Dingen, die eigentlich zu intim sind, um veröffentlicht zu werden. Diese Erlebnisse ermöglichen Einblicke, wie das Gesicht des Todes in unseren Tagen aussehen kann.

Die meisten dieser Geschichten vom Tod sind nicht außergewöhnlich; so oder ähnlich haben viele das schon erlebt. Es gibt immer auch tragischere und auch weniger schlimme Geschichten vom Tod zu erzählen. Die vorliegende Auswahl spiegelt *meine* Erfahrungen wider, also nur die *eines* Menschen. Wenn auch die eine oder andere Beschreibung außergewöhnlich anmuten mag, bin ich mir sicher – tausendfach wiederholt sich das alles heute. Und doch bleibt jedes Schicksal individuell. Denn jeder Mensch der sechs Milliarden auf der Erde ist einzigartig. Jedes Leben erzählt eine Geschichte. Niemand geht ohne Spuren.

Ich freue mich, dass dieses Buch seit nunmehr zehn Jahren Menschen eine Hilfe sein kann. Möge es auch weiterhin so sein.

Sankt Augustin, Allerheiligen 2010
Georg Schwikart

I. Du darfst trauern!

*Und schließlich kämen wir auch dem Frieden, unserem persön-
lichen und dem unter den Völkern, einen Schritt näher, wenn
wir der Realität unseres eigenen Todes ins Auge sähen und ihn
annähmen.*

ELISABETH KÜBLER-ROSS

Irgendwie war er immer da

Die Augen des 17-jährigen Stefan röten sich. „Nein, nein", stammelt er, das gehe nicht, das könne er nicht; unmöglich sei das. Ich hatte ihn gerade gefragt, ob er mich am nächsten Tag – wir waren verabredet – vorher noch auf eine Beerdigung begleiten wolle. Aufgrund seiner Reaktion musste ich annehmen, er habe schreckliche Erfahrungen mit dem Tod hinter sich: Ein naher Angehöriger sei vielleicht kürzlich verstorben. Aber nichts dergleichen war der Fall, wie sich herausstellte. Dieser Jugendliche beteuerte, er kenne keineswegs Angst vor dem Tod. Im Gegenteil, er scheue sich nicht, Kriegsfilme anzuschauen und lese Krimis (was übrigens eine mir bekannte pensionierte Kripobeamtin nicht tut; sie kennt das echte Verbrechen). Aber eine Beerdigung, nein, also wirklich, das müsse ich verstehen ... Der konkrete Tod – einer ihm unbekannten Rentnerin – war anscheinend zu real.

Von einem Besuch bei meiner Freundin Karin in Kassel heimgekehrt, erzähle ich einem Freund, der wissen will, wie es gewesen sei, dort gebe es ein sehenswertes Museum für Trauerkultur: Die Entwicklung des Bestattungswesens wird dort anschaulich aufgezeigt. Leichenwagen und moderner Grabschmuck gehören zu den Exponaten. – Der Freund findet das schlicht „pervers".

Für eine Tageszeitung habe ich jahrelang zu Heiligabend eine Kurzgeschichte geschrieben, die immer auf der ersten Seite des Lokalteils veröffentlicht wurde. Die Leute hier hatten sich an diese Tradition gewöhnt; auf der Post fragte man mich schon: „Kommt wieder eine Geschichte?" Die letzte wurde abgelehnt. Eine Short-Story, in der die greise Großmutter zu Hause im Bett stirbt, während die Familie in der Christmette sitzt. Eine solche Geschichte sei den Lesern zum Fest nicht zuzumuten, beschied die Redaktion. – Dabei durfte die Oma in der Geschichte die Heilige Nacht noch daheim im Kreise der Familie verbringen. Unzumutbar!

Im Alter von dreiundneunzig Jahren verstarb ein pensionierter Lehrer, nach langer, quälender Krankheit. Die Tochter findet das „unfassbar". Ich kann eben diese Reaktion nicht nachvollziehen.

Was mir die Frau eines Bestatters erzählte, wird auf unbedarfte Naivität zurückzuführen sein: Eine erwachsene Frau suchte für ein verstorbenes Elternteil in der Ausstellungshalle einen Sarg aus, kam dabei auch an den Kindersärgen vorbei und rief entzückt aus: „Ach, wie niedlich!"

Noch viele Beispiele ließen sich aneinanderreihen: Der Tod ist für viele das große Tabu. Über Sexualität zu sprechen, haben wir gelernt; auch politische oder religiöse Überzeugungen geben wir preis; wenn's sein muss, sogar die Einkommensverhältnisse. Der Tod aber ist ein Nicht-Thema. Der Kult der Jugendlichkeit wird gesellschaftlich zelebriert, als gäbe es ein ewiges Leben in der Erdenzeit. Wie einst aber der Buddha auf seinen Ausfahrten mit der Kutsche, begegnen auch wir irgendwann der Begrenztheit des Lebens: Krankheit, Alter und Tod sind Zeugen der Sterblichkeit.

Es gibt Zeitungsleser, die jeden Morgen ihre Lektüre mit den Todesanzeigen beginnen. Auch ich studiere sie, weil mich interessiert, wie dort mit Verstorbenen umgegangen wird. Manche Texte beschönigen, manche verschleiern, andere üben sich in beredtem Schweigen.

Gern spaziere ich über Friedhöfe. Das können Oasen der Ruhe inmitten des Trubels sein. In fremden Städten erkunde ich diese Parks lieber als Museen und Kirchen; besonders alte Friedhöfe schenken Muße. Aber nicht jeder mag mich auf diesen Touren begleiten. Wie beim Gang zum Zahnarzt oder ins Krankenhaus, setzen manche nur im Notfall einen Fuß auf den Gottesacker.

Hochachtung empfinde ich für Frauen und Männer, die sich in der Sterbebegleitung engagieren. Diese Leute besuchen Todkranke, auf Wunsch auch deren Angehörige. Sie sind einfach da, haben keine klugen Tipps parat. Sie reden, wenn man mit ihnen reden möchte. Sie können aber auch nur zuhören, schweigen, aushalten, da sein. In Vorbereitungsteams werden sie geschult; Supervisionsgruppen helfen, die eindrücklichen Erfahrungen zu verarbeiten.

Gräber geben Auskunft: Das eine gleicht einem wilden Wegesrand, das andere einem gepflegten Vorgarten; dort wuchern praktische Bodendecker, hier stehen regelmäßig frische Schnittblumen auf der gebohnerten Marmorplatte. Immer mehr Urnen verschwinden unter öffentlichem Grün: anonyme Grabfelder verhindern eine persönliche Adresse des Toten. Warum so oder so mit dem Grab umgegangen wird, das lässt sich nicht eindeutig schließen. Vernachlässigung der Grabstelle heißt nicht automatisch Vernachlässigung der Erinnerung an den Toten. Und perfekte Grabgestaltung ist kein Indiz für eine gelungene Akzeptanz des Todesfalls.

In meiner Familie war ich lange Zeit für das Grab meines Vaters zuständig. Nicht beauftragt oder gar gezwungen, nein, aus freien Stücken. Ich mochte die Atmosphäre auf dem Friedhof. Ein bisschen mit der Erde hantieren, Unkraut zupfen, den Stein schrubben, die Abstände zu den Nachbargräbern harken und am Ende ein Kerzchen in roter Plastikhülle entzünden, das machte mir Freude. Dabei liegt mir Gartenarbeit gar nicht. Wahrscheinlich suchte ich die Nähe zum Vater.

Der starb, als ich zwei Jahre alt war. Ich habe keine Erinnerung an ihn, obwohl meine erste Erinnerung mit ihm zu tun hat: Ich sehe verschwommene Bilder einer Gruppe von Menschen. Ich kenne sie alle. Meine Mutter sagt, sie wolle noch einmal nach unten gehen. Wohin? Als kleiner Knirps, der ich bin, werde ich einem Erwachsenen auf die Schultern gesetzt. Die Mutter steigt eine Treppe hinab. Ende.

Es handelte sich dabei um den Vorabend der Beerdigung. Die Familie war – wohl als Einstimmung – schon einmal auf den Friedhof gegangen. Dort entschloss sich Mutter, noch einen Blick auf ihren toten Mann zu werfen, bevor man im Kühlraum, der sich im Keller befand, den Sarg schloss. – Das alles ist die rationale Erklärung, es gehört nicht zu meiner Erinnerung. Diese ist ratlos: Das zweijährige Kind spürt nur, dass es nicht versteht, was vorgeht. Die nächsten greifbaren Bilder der Vergangenheit setzen dann erst mit fünf oder sechs Jahren ein, wie das üblich ist: Kindergarten, Einschulung, Urlaub in Südtirol.

Was dann am Tag der Beerdigung geschah, das weiß ich nicht mehr. Und auch, dass dieser Tag der 33. Geburtstag meiner Mutter war, dass die Bagger just an diesem Morgen nach der Bestattung durch den Garten des Reihenhaus-Neubaus tuckerten, um die Erdhügel einzuebnen – das alles erfuhr ich erst viel später.

Über den so früh gestorbenen Vater (nur 34 Jahre alt) von drei Töchtern und vier Söhnen wurde in der Familie immer gesprochen. Vielleicht habe ich, der Jüngste, deswegen das Gefühl, er war anwesend, obwohl er nicht da war. Die Mutter sprach nur gut von ihm. Von seinem Fleiß beispielsweise: Klaviertransporter war er einmal, mit einem Freund zusammen; Filmdosen brachte er zu den Düsseldorfer Ufa-Kinos, auf dem Großmarkt schleppte er grüne Bananenstauden. Schließlich wurde er Angestellter bei einer Berufsgenossenschaft. Für Karriere war allerdings keine Zeit gewesen.

Von seiner Liebe zur Musik berichtete die Mutter (die Gitarre nannte er seine Braut; eine Schwester verhökerte sie später auf dem Trödelmarkt). Platten, die er liebte, sind noch vorhanden: das Forellenquintett, Robert Schumanns Cellokonzert, gespielt von Pablo Casals, oder die Dreigroschenoper mit Lale Andersen.

In einem Zigarrenkistchen bewahrte meine Mutter Devotionalien auf, Berührungsreliquien meines Vaters: seinen Kugelschreiber, den Rasierpinsel, den Büchereiausweis, einen Terminkalender von 1966, dem Jahr, in dem er an Leukämie starb. Seine Handschrift ist ruhig, gleichmäßig, nicht ohne Schwung. Sie gefällt mir. Und die Züge ähneln auffallend der Schrift meiner ältesten Schwester. Ich betrachte diese Dinge nicht ohne Ehrfurcht. Natürlich die Fotos: Einen stattlichen jungen Mann sehe ich da, der dem Schönheitsideal seiner Generation entspricht. Schlank, rasiert, mit Krawatte und Scheitel.

Meine Geschwister, bis zu elf Jahre älter als ich, haben Erinnerungen aus erster Hand: Sie wissen noch, wie seine Stimme klang. Ihnen hat er vorgelesen oder endlose Fortsetzungsgeschichten am Bettrand erzählt.

Dass Vater nicht nur ein Heiliger war, wie Mutter ihn darzustellen sich bemühte, sondern ein normaler Mensch, das hörte ich erst als Erwachsener. Meine Tante gab zu, er sei manchmal von allem überfordert gewesen, von den sieben Kindern, dem Hausbau vor den Toren der Stadt, seiner Arbeitsstelle. Mitten in der Stadt habe sie ihn einmal angetroffen, zufällig, auf dem Weg zum Kaufhaus. Mit anderen jungen Kerlen habe er dagesessen und Spaß gemacht. Eine Standpauke erteilte die ältere Schwester ihrem kleinen Bruder: wie schäbig, solches Verhalten – daheim säßen Frau und Kinder, er aber vergnüge sich.

Obwohl wir schon ein Dutzend Mal darüber gesprochen haben, immer wieder kann die Tante besinnlich werden, wenn sie bedauert, man habe ihm, dem Bruder, und seiner jungen Frau damals Unrecht getan. Die Krankheit Blutkrebs, zunächst nicht diagnostiziert, äußerte sich nämlich anfangs in dauernder Müdigkeit. Er solle sich nicht so anstellen, nicht so hängen lassen, mahnten Eltern und Schwestern des „kleinen Franz". Außerdem war er in der gleichen Firma wie sein Schwager beschäftigt; das häufige Krankfeiern fiel doch peinlich auf.

Als dann herauskam, wie ernst es um ihn stand, als er dann die letzten Monate immer weniger wurde und am Fest des heiligen Erzengels Michael starb, da sahen die Verwandten nur den eigenen Schmerz: Die Eltern verlieren den innig geliebten Sohn! Die Schwestern, ohne den Bruder, wie verwaist! Seine Frau aber und die sieben Kinder von zwei bis dreizehn Jahren, standen fast allein in ihrer Trauer. Sie mussten sich irgendwie durchschlagen. Das ist auch gelungen, und dafür bewundere ich meine Mutter.

Sie sprach viel von unserem Vater, und das machte ihn lebendig in unserer Mitte. Sie feierte sogar ihre Silberhochzeit, obwohl die Ehe ja durch den Tod geschieden wurde.

Ich sage nicht, wir hätten den Tod gering geschätzt. Er wurde nicht verachtet, sondern gewürdigt. Daraus folgte aber weder die Haltung, das Leben sei ohnehin begrenzt und deswegen lohne es nicht, es zu ergreifen. Auch war nicht wilde Genusssucht die Reaktion: nehmen, was man kriegen kann, denn die Zeit ist kurz. Ich glaube vielmehr, der frühe Tod meines Vaters hat uns den Rahmen gezeigt. Mutter lehrte uns, ihn zu füllen, mit Optimismus und Freude am Dasein.

Diese ermöglichten mir auch zu lachen, als ich mit meinen Kindern (beide damals im Kindergartenalter) einmal am Grab ihres Großvaters stand. Immer wenn ich in meinem Heimatort bin, besuche ich das Grab.

„Wo ist der Opa jetzt?", fragt Lukas, vielleicht drei oder vier Jahre alt.

„Im Himmel" antworte ich.

Beide Kinder werfen ihren Kopf in den Nacken und starren nach oben. Die etwa sechsjährige Theresia sagt enttäuscht: „Ich sehe nichts!"

Lukas aber ruft: „Doch, da!", und zeigt auf die hohen Pappeln, die im leichten Winde rauschen ...

Es gibt ein Foto von mir, da bin ich ein kleiner Junge. Der sitzt in kurzer Lederhose auf der Einfassung des Grabes seines Vaters. Er kann wohl die Tragweite der Situation nicht ermessen. Aber unglücklich wirkt das Kind nicht. Es lebt.

Heute, da ich viele Hundert Verstorbene als Trauerredner auf dem letzten irdischen Wege habe geleiten dürfen, da erahne ich nur, wie alles miteinander zusammenhängt: die existentielle Erfahrung des Todes und meine Bereitschaft, Menschen in dieser extremen Situation des Abschiednehmens beizustehen. Durch die Geschichten wird manches klarer; vielleicht.

Darf man ihn beerdigen?

„Zenker" steht auf dem golden schimmernden Türschild. Ich zupfe schnell noch eine Fussel vom Jackett und drücke den Klingelknopf. Vor Gesprächen fürchte ich mich nicht, im Gegenteil – doch dies ist mein erstes Trauergespräch. „Steh mir bei", entfährt mir noch als Stoßgebet, da wird schon die Tür geöffnet.

Frau Blomberg-Zenker ist eine sehr kultivierte Dame. Sie führt mich in das anmutig eingerichtete Wohnzimmer, fragt, ob sie mir etwas anbieten dürfe; ich verneine.

Zunächst bitte ich um Informationen, wann, wo und woran Richard Zenker verstorben ist. Die Witwe berichtet mir, was ich zu wissen begehre, und erzählt dann von ihrem verstorbenen Gemahl, der einen ansehnlichen Posten im Wirtschaftsministerium bekleidete. Ich notiere Daten, Studienorte, Hobbys, Urlaubsziele, auch Krankheitsverläufe, die ich jedoch nicht erwähnen soll. Die Unterhaltung geht leichter von der Hand als befürchtet. Frau Blomberg-Zenker redet frei, ohne jedes Wort abzuwägen – ich genieße einen Vertrauensvorschuss. Etwas aber liegt der Dame noch quer auf dem Herzen, das spüre ich.

Endlich rückt sie damit heraus: „Wissen Sie, mein Mann wollte keine Beerdigung. Er wünschte sich eine anonyme Bestattung. Ohne Trauerfeier, ohne Grab."

Ich nicke ihr verständnisvoll zu, weiß jedoch auf die Schnelle nichts zu sagen.

„Aber ich kann ihn doch nicht verscharren wie einen Hund", fügt sie hinzu und muss sich schnäuzen. „Das kann ich doch nicht!"

Noch fehlt es mir an Erfahrung. Ich argumentiere aus dem Bauch heraus: „Die Trauerfeier ist für die Hinterbliebenen, nicht für den Toten. Gibt es ein Leben nach dem Tod, dann soll ihn unser Abschiednehmen nicht mehr stören. Gibt es kein Jenseits, dann können wir ihm auch nicht mehr helfen."

Die Witwe seufzt erleichtert.

Damals hatte ich diese Gedanken noch nicht systematisiert. Es ging um die weitreichende Frage, was ein Mensch über seinen Tod hinaus verfügen kann. Erbangelegenheiten sind rechtlich geregelt. Doch ob es eine Erd-, Feuer- oder gar Seebestattung gibt, ob man ein Grab anlegt oder ihn anonym beisetzt, ob man eine Trauerfeier abhält und dabei gesungen oder gar gebetet wird, ob sich schließlich nach dem Friedhof die Trauernden zum Leichenschmaus treffen oder nicht – darf das ein Mensch für die Zurückbleibenden bestimmen? Wie schwer wiegt die moralische Last eines solchen letzten Willens?

„Wie kam Ihr Mann zu dem Wunsch, dass man ihn nicht öffentlich beerdigen möge?", frage ich.

So richtig weiß es die Ehefrau auch nicht. Ärger über die Kirche (Herr Zenker war katholisch), eine allgemeine Abneigung gegenüber Ritualen und heuchlerischem Gerede, etwas von allem wird es gewesen sein, er wollte eben nicht.

Im Verlaufe des Gespräches hat die Witwe selbst bekundet, wie harmonisch die Ehe war, wie groß ihr Schmerz über den Verlust des geliebten Mannes. Deswegen wage ich zu behaupten (und hoffe dabei, nicht zu indiskret zu sein): „Wenn Ihr Mann Sie doch geliebt hat, dann würde er wollen, dass es Ihnen gut geht. Und es geht Ihnen besser, wenn Sie ihn in einem angemessenen, aber würdigen Rahmen verabschieden. Ihr Mann würde Ihnen sicher zugestehen, dass Sie das brauchen." – Ich muss Frau Blomberg-Zenker nicht mehr überzeugen, eine Trauerfeier abhalten zu lassen, denn sie hat ja schon mich, der ich daran mitwirken soll, zum Vorgespräch eingeladen. Ich will sie nur noch bestärken und ihr das Gefühl geben, dass sie tun darf, was sie tut.

Wir treffen uns direkt am Grab: die Witwe, ein erwachsener Sohn, die Schwiegertochter und ich. Diese meine erste Rede ist eine ideale Übung: Ich lerne, auf Floskeln zu verzichten, spreche konzentriert und offen: „Richard Zenker hat eigentlich nicht gewollt, dass wir jetzt hier stehen – aber er würde es nicht verurteilen."

Wir haben einen Interessenausgleich gefunden. Was zum Gelingen der Ehe der Zenkers beitrug, half über den Tod hinaus: der Kompromiss. Dem Verstorbenen blieb ein inszeniertes Spektakel erspart. Die Hinterbliebenen konnten nach dem Tod des Mannes einen spürbaren Schlusspunkt setzen, was für die emotionale Verarbeitung des Verlustes ein wichtiger Schritt sein kann.

Kathrins Apfelbaum

Von dem Absturz hatte ich in den Nachrichten gehört.

So etwas passiert eben. Rein rechnerisch ist die Wahrscheinlichkeit, mit dem Flugzeug abzustürzen, jedoch sehr viel geringer als ein Autounfall. Rein rechnerisch zumindest.

Dass in jenem Flugzeug eine Erzieherin aus unserer Kindertagesstätte gesessen hatte, erfuhr ich erst am nächsten

Tag. Ihr Mann war auch umgekommen. Ihre Kinder, ein Mädchen und ein Junge im Schulalter, blieben zurück.

Der Kindergarten berief eine Krisensitzung aller Eltern ein. Bedrückt saßen wir in der Runde. Manche hatten in Kathrin nur eine Angestellte verloren, andere hingegen eine Freundin. Kathrin war nach der Wende mit ihrer Familie aus dem Osten ins Rheinland gezogen. Durch ihre Kompetenz und herzliche Freundlichkeit hatte sie alle Bedenken gegen „eine von drüben" zerstreut. In der Frage um die Nachfolge der scheidenden Leiterin der Einrichtung war damals ihr Name ins Gespräch gekommen.

Die anwesenden Eltern waren, ob sie wollten oder nicht, mit dem Thema Tod konfrontiert. Wie es den Kleinen sagen?

„Ich kann es meiner Tochter nicht sagen", war sich eine Mutter sicher. „Sie ist doch noch so jung."

„Wie willst du ihr denn erklären, dass Kathrin nicht mehr kommt?", fragte eine andere.

„Ich sage einfach, sie ist weggezogen."

„Ohne sich zu verabschieden?"

Wir diskutierten ohne großen Elan: Darf man, kann man, muss man sogar mit Drei- bis Fünfjährigen über den Tod sprechen? War nicht die Angst jener Erwachsenen, die meinten, das Thema nicht verantworten zu können, ihre eigene Furcht? Bei Kathrin war der Tod ja nicht ein sich ankündigendes Ereignis wie der Tod einer alten Großmutter gewesen. Es war auch nicht der Tod eines Hamsters, den man ersetzen könnte. Es war nicht ein natürliches Ende, sondern der Tod in seiner ganzen Macht: unberechenbar und grausam.

Zwei Kinder blieben zurück: die Mutter tot, der Vater tot – endlich konnten alle Eltern weinen. Das Mitgefühl überwältigte sie, denn die Vorstellung, das könnte den eigenen Kindern auch widerfahren, schmerzte bis ins Mark.

Kathrins Tod zu erklären, das wurde den Eltern übertragen; die Kolleginnen der Verstorbenen fühlten sich überfordert. Wir entschlossen uns, Kathrin mit einer Feier zu verabschieden. Es gab keinen Leichnam: Der ruhte auf dem Meeresgrund. Es würde folglich kein Grab geben. Kein Pfarrer würde für sie beten, denn sie gehörte keiner Kirche an. Es blieb nur noch Erinnerung. Für ihren Ehemann, einen Soldaten, organisierte die Bundeswehr eine Veranstaltung.

Da saßen wir dann an einem Samstagmorgen dichtgedrängt im Turnraum der Kindertagesstätte: Kolleginnen, Eltern und Kindergartenkinder, alle ruhig, wie gelähmt. Auch die Kinder der beiden Verstorbenen waren unter uns. Was war unser Schmerz gegen ihren? Sie wirkten wie abwesend, unter Schock. Noch wirkte die Kraft der Verdrängung.

Die Anwesenden hatten sich festlich gekleidet, der Raum war geschmückt, Kerzen brannten, und einer spielte auf der Gitarre. Kathrins Bild stand da, umrahmt von Blumen. Kein Kind brauchte ermahnt zu werden. Ich musste sprechen. Sprach von Situationen, die man nicht erklären, nicht verstehen, nur aushalten kann. Sagte, man müsse etwas sagen, um nicht an der Traurigkeit zu ersticken. Erstickte dann mit meinen Tränen die Worte, als mein Blick auf Kathrins Kinder fiel. Sie sahen mich an. In ihre leeren Gesichter zu blicken, tat weh. Auch ihre Paten saßen unter uns, Kathrins Schwester mit Mann. Sie würden ins Rheinland ziehen, damit die Waisen nicht auch noch die neue Heimat verlören.

Die Vorsitzende der Eltern würdigte Kathrins Leistungen. Eine Mutter sang ein Lied. Dann zogen wir in den Garten und pflanzten einen Apfelbaum, ein Symbol für das Leben. Früchte würden irgendwann kommen, Früchte, die alle genießen könnten.

Kinder und Eltern stimmten das Rabenlied an, denn Kathrin war Erzieherin der „Rabengruppe" gewesen: „Der Rabe sitzt im Apfelbaum und singt sein Rabenlied." Die Kleinen sangen unbeschwert, denn sie kannten das Lied gut. Vielen Eltern versagte die Stimme. Auf einmal stieß mich die Frau neben mir an: „Sieh nur." Sie zeigte entsetzt auf die dritte Strophe des Liedblattes. Am Ende hieß es da: „Und wenn sie nicht gestorben sind, dann singen sie noch heute." – Zu spät. Es wurde gesungen wie immer, alle Strophen.

Und das passte ja auch: Kathrin und ihr Mann waren tot, die konnten nicht mehr singen. Aber wir leben. Wir singen! Wir singen, so lange wir leben. Es werden Kinder in den Kindergarten kommen, die die Geschichte des Apfelbaums nicht mehr kennen. Aber sie werden um ihn herum tanzen und singen und seine Früchte genießen.

Die Erna von der Post

Sie war nun wirklich keine Perle, die Schänke „Zur Post". Von außen ein unscheinbares Haus, von innen eher unansehnlich: schlicht eingerichtet mit schrammenreichen Holztischen, Plastikblümchen darauf. Biedere Lampen und Vorhänge, ein röhrender Hirsch als Bild an der Wand, die einen neuen Anstrich vertragen hätte. In der Ecke ein Spielautomat, so unmodern, dass er fast schon wieder interessant war. Das Angebot: bescheiden. Bier, Limo, Cola, Wasser, Schnäpse. Im Regal hinter der Theke lagen ein paar Tüten mit Salzbrezeln. Kurzum, eine wenig reizvolle Kneipe.

Die „Post" mochte keine Perle sein, aber die Wirtin war es: Erna Fritsche hatte ihre Stammkundschaft; die kam jeden Abend. Diese Leute – Arbeiter und Rentner aus der Nachbarschaft – nutzten Ernas Wirtshaus, als wäre es ihr Wohnzimmer. Man saß da, trank, rauchte, diskutierte über Gott und die Welt, wusste alles besser als die elenden Politiker, erzählte sich dies und jenes, riss derbe Zoten.

Erna Fritsche verwitwete früh, mit 42 Jahren. Die Kinder waren damals schon aus dem Haus. Und um nicht zu vereinsamen, erwarb sie die Konzession der „Post". Der finanzielle Gewinn, den sie mit dem Betrieb der Kneipe erwirtschaftete, war gering. Aber einen ganz anderen Gewinn erzielte sie: Langeweile war ihr fortan fremd!

Erna Fritsche kannte ihre Kunden mit Namen – und die Gäste kannten sie. Erna machte aus dem trüben Schuppen eine Oase zum Kräftetanken. Sie schaffte das nicht mit Zierrat oder Mätzchen, sondern durch ihre Anwesenheit: Sie erkundigte sich nach dem Wohlbefinden ihrer Gäste, teilte deren Freuden und Leiden, Erfolge und Sorgen des Alltags. Da war einer von der Kündigung bedroht, jene hatte einen Unfall erlitten, dieser feierte einen kleinen Lottogewinn, eine andere klärte auf, welche Diät für wen die passende sei. Es kam vor, dass Erna bis spät in die Nacht mit einem einzigen Gast am Tisch saß, der gerade einen verdammt schlechten Tag hinter sich hatte und einfach Trost brauchte. Auf ihre Art war sie eine Seelsorgerin.

Als sie schließlich ihrem schleichenden Lungenkrebs erlag, da erschienen noch einmal alle. Die Stammkundschaft, etwa fünfzig Frauen und Männer, war anwesend; nicht weil sich das so gehörte – sie trauerten ernsthaft um eine Frau, die ihnen allabendlich das Gefühl gegeben hatte, willkommen zu sein. Erna hatte mehr als bloße Gemütlichkeit geschaffen. Sie hatte es verstanden, ihren Leuten ein Stückchen Heimat zu schenken. Wo sollten sie jetzt hin?

Die „Post" machte dann irgendwann zu. Ohne Erna Fritsche war das eben nur eine reizlose Schänke.

Ein unauffälliger Mann

Der Bestatter gibt mir am Telefon die Daten des Verstorbenen durch: Hubert Gieseler, geboren am 19.3.1939 in Hamburg, verstorben am 2.8.1999 in Bonn.

Ich frage nach den Angehörigen. Mit ihnen will ich Inhalt und Ablauf der Trauerfeier besprechen.

„Es gibt keine", antwortet der Bestatter knapp.

„Wie?", frage ich verdutzt zurück. „Und wer veranlasst dann die Beerdigung?"

„Der Mann hat vor Jahren eine Versicherung bei uns abgeschlossen; er wollte auch eine Trauerfeier haben."

Ich lasse nicht locker: „Keine Frau? Keine Kinder? Keine Freunde? Niemand?"

Ich bekomme die Telefonnummer einer Nachbarin. Das war's.

Name, Geburts- und Sterbetag, das ist etwas dürftig für eine Ansprache. Ich wähle die Nummer der Nachbarin, stelle mich vor und bitte um einen Gesprächstermin.

„Was soll ich Ihnen da sagen? Herr Gieseler wohnte fast dreißig Jahre hier im Haus. Ein unauffälliger Mann, aber immer sehr freundlich!" – Mehr könne sie mir beim besten Willen nicht erzählen, wehrt die Dame ab. Ein Besuch meinerseits bei ihr lohne nicht. „Ach ja", schließt sie, „er war Finanzbeamter."

Was nun? Wie soll ich diesen Menschen würdigen? Einen Augenblick lang erwäge ich, meine Rede kurz zu halten und auf drei Minuten anzulegen. Wenn nur die Nachbarin kommen würde, was sollte ich da groß und breit erzählen? Außerdem liegt es mir nicht, geschwollen über den Tod im Allgemeinen zu schwadronieren. Und der Nachbarin wäre es möglicherweise noch peinlich, ganz allein da zu sitzen und von mir „angepredigt" zu werden.

Aber dann mahne ich mich selbst, mir mehr Mühe zu geben: Der Verstorbene hat schließlich diese Trauerfeier ausdrücklich gewünscht, und – das muss ich schließlich auch bedenken – er hat dafür bezahlt. Herr Gieseler soll eine vollwertige Trauerrede bekommen!

Ich rätsele ein wenig herum, wie ich mich dem Unbekannten nähern kann. Dann mache ich es durch Fragen: Sechs Jahrzehnte – was kann, was muss da ein Mensch nicht alles erleben, erfahren? Welche Gründe mögen ihn bewogen haben, ehe- und kinderlos zu bleiben? Was hat ihn beschäftigt und was erfüllt? Kann denn einer, auch wenn man nicht viel von ihm weiß, einfach von der Erde verschwinden, als hätte es ihn nicht gegeben? Hinterlässt nicht jeder Spuren in der Welt, manchmal unmerkliche? Wer zählt eines Menschen Tage, wer lenkt seine Schritte? – Diese Rede wird kein Glanzstück, das spüre ich wohl. Dennoch habe ich ein besseres Gefühl, als wenn ich vor dem Sarg oberflächlich herumdrucksen müsste. Freilich, es bleibt ein Versuch.

Am Tag der Beerdigung parke ich auf dem Friedhof, und mir dringt der Schweiß aus allen Poren. Irgendwann musste es ja mal passieren: Ich bin wohl auf dem falschen Friedhof gelandet. Denn hier warten bestimmt an die fünfzig Personen vor der Halle. Noch zehn Minuten bis zum Beginn. Vielleicht schaffe ich es noch rechtzeitig zum richtigen Termin. Doch wohin muss ich? Aufgeregt dränge ich ins Büro, will dort telefonieren. Dort erwartet mich der „richtige" Bestatter.

„Ist das jetzt die Beerdigung Hubert Gieseler oder nicht?", frage ich verwirrt, mit Blick auf die schwarz gekleideten Damen und Herren draußen.

Er nickt.

„Aber ich dachte, da gäbe es niemanden?"

„Die haben vom Finanzamt aus einen Bus gechartert – die ganze Abteilung ist gekommen."

Als die Orgel dann zu spielen anfängt, und ich nach vorn schreite, bin ich heilfroh, gut vorbereitet zu sein. Und ich freue mich für Hubert Gieseler, diesen „unauffälligen Mann", dass ihm so viele Kolleginnen und Kollegen das letzte Geleit geben. Wer auch immer er war – Hubert Gieseler war ihnen das wert.

Ich durfte einen wertvollen Menschen bestatten.

Das Leben nach dem Tod

„Meine Frau und ich" – so beginnt fast jeder zweite Satz von Herrn Velbert. Er und seine verstorbene Frau Gudrun, sie müssen sich wirklich geliebt haben. Alles machten die beiden gemeinsam, auch ihre Hobbys (Wandern, Konzerte, Malerei) teilten sie. Das kinderlose Paar, beide Mitte vierzig, hatte nur sich selbst, die beiden waren einander das Universum.

Er spricht in höchsten Tönen von seiner Gattin: von ihrer Charakterstärke, ihrem Charme, ihrer Schönheit, ihrer Kochkunst, ihren vielfältigen Begabungen. Man könnte das vielleicht für übertrieben halten, aber ich glaube dem Mann. Er wirkt glaubwürdig. Und als er berichtet, wie das war, als der Krebs jeden Tag ein Stückchen mehr Leben von seiner Frau wegfraß, da versagt ihm kurz die Stimme.

Ich frage ein paar Daten ab. Dabei stelle ich überrascht fest, dass der Hochzeitstag nur drei Tage vor dem Sterbedatum liegt.

„Gudrun hat sich bis zur Silberhochzeit geschleppt! Das wollte sie noch erleben!" – Welch ungeheure Kraft der Liebe!

Letzte Frage meinerseits, mit der ich das Thema „Verhältnis zur Religion" anschneiden möchte (ob beispielsweise ein Vaterunser gesprochen werden soll): „Herr Velbert, haben Sie mit Ihrer Frau über das Leben nach dem Tod gesprochen?"

Er nickt erst still, schluckt und antwortet dann leise: „Ja, das habe ich. Sie meinte, ich solle erst eine Weltreise machen und dann noch einmal heiraten."

Für einen Augenblick verstehe ich überhaupt nicht, was der Mann da zu mir sagt, und worin ein Zusammenhang mit meiner Frage bestehen könnte. Dann aber wird es mir schlagartig klar: Herr Velbert hat gemeint, ich wolle wissen, wie *sein* Leben nach dem Tod seiner Frau weitergehen solle. – An ein jenseitiges Leben seiner Frau nach ihrem Tod zu denken, das lag ihm vollkommen fern.

Was nach dem Tod einen Toten erwartet, das weiß ohnehin keiner. Was aber nach dem Tod für die Hinterbliebenen kommt, das ist eine andere Frage. Gudrun Velbert hat da in ihrer großen Liebe zu ihrem Mann schon vorgesorgt und über sich hinausgesehen. Eine neue Frau könnte den verwitweten Gatten vor Einsamkeit bewahren. Aber sie würde ohnehin nicht ihren Platz besetzen können, der bleibt einmalig.

Die Asche seiner Mutter

Ein Seebär wie aus dem Bilderbuch: Björn Beckstedts Bart ist silbriggrau, der Mann von kräftiger Statur. Seit Jahren in der Bundeswehrverwaltung beschäftigt, sitzt mir der Kapitän zur See still gegenüber. Auf des Vaters Anordnung erschienen, aber an den Rand des Sofas gerückt, die Söhne: Jan ist schon 19, Jens 17 Jahre alt. Die drei haben eine schwere Aufgabe vor sich: Marianne, die Ehefrau und Mutter, zu bestatten. Sie verlor nach zähem Kampf gegen ihre Krebserkrankung, die ihr in den vergangenen Jahren mehr und mehr an Leben raubte.

Björn Beckstedts Antworten auf meine Fragen sind knapp. Er spricht kein unnötiges Wort. Mit klaren Augen sieht er mich an. Gut war sie, die Frau, sagt er ohne Schnörkel. Die Trauer scheint ihm den Hals zuzuschnüren, aber er unterdrückt offensichtliche Gefühlsäußerungen. Nur, als ich mich verabschiede, schimmert unaufgefordert seine Not durch: „Es wird weitergehen. Irgendwie", beteuert er, als wollte er sich selbst Mut zusprechen.

Auch auf dem Friedhof keine Tränen. Dieser Mann nimmt anderswo Abschied, nicht hier vor allen Leuten.

Während ich rede, starren Beckstedt und seine Söhne an mir vorbei auf den Sarg. Ich weiß, dass ich hier auf überflüssiges Beiwerk zu verzichten habe. Ich sage, was zu sagen ist, angesichts der Trauer: Kein Weg führt an ihr vorbei. Wir müssen sie durchschreiten, um neues Land zu sehen.

Eine Pranke ist sie, des Kapitäns Hand. Er drückt mir die meine und gibt das größtmögliche Lob: „Sie haben Ihre Sache gut gemacht." Ich weiß dieses Kompliment zu würdigen.

Heute war jedoch nur der erste Teil der Zeremonie: Eine Trauergemeinde aus Verwandten, Freunden, Nachbarn, Kollegen hat Abschied genommen. Danach kommt der Sarg zur Verbrennung nach Köln.

Zwei Wochen später sehen wir uns wieder. Nur wenige Menschen sind jetzt da. Wir haben uns draußen vor der Kapelle versammelt. Die Urne steht zwischen zwei Kerzen inmitten eines Blumenkranzes. Ich sage etwas vom letzten Weg, auf dem wir die Verstorbene begleiten, und von den vielen Stationen des Abschiednehmens.

Es heißt, sich auf den Weg zur Grabstelle machen. Da nimmt – was ich vorher nicht wusste – Jens, der jüngere der Söhne, die Urne mit der Asche seiner Mutter in die Hände. Er trägt sie zum Grab. Ein kurzer Weg ist das nur, vielleicht fünfzig Meter. Ich aber bewundere den Jungen um seine Kraft!

„Mama!"

Die Kinder der Verstorbenen sind in meinem Alter; die Tochter geschieden, der Sohn ledig, also beide alleinstehend. Es gibt auch noch einen Ehemann von Frau Tyrell; der aber sei – wie man mir sein Fernbleiben beim Vorgespräch erläutert – zu erschüttert über den Tod seiner Evelyn.

Evelyn Tyrell war (man muss sagen: erst) 56 Jahre alt, als

sie an einer Krebserkrankung verstarb. Zwischen Diagnose und Tod lagen ganze vierzehn Tage. Im Nachhinein vermochte die Tochter Vorboten der schlimmen Krankheit zu erkennen: die ständigen Rückenschmerzen, die dauernde Müdigkeit, das häufige Unwohlsein. Teils aber erkannten die Ärzte nicht den Ernst der Lage, teils nahm Evelyn Tyrell selbst die Signale auf die leichte Schulter, kurierte sich mit Sälbchen, Tees, Bädern. Vor allem lautete die Devise: Ertragen ...

Bevor sie von ihrem Leben berichten, erzählen Tochter Susanne und Sohn Sascha vom Sterben ihrer Mutter. Immer weniger wurde sie, rapide nahmen alle Fähigkeiten und Funktionen ab. Am Ende war es ein unbarmherziges Leiden und der Tod das, was man gemeinhin Erlösung nennt.

Die letzten zwei Wochen verbrachten sie ununterbrochen am Krankenbett. Die Ärzte hatten deutlich gemacht, dass jeder Tag der letzte sein könne. Während sich die erwachsenen Kinder mit der Wache abwechselten, war der Ehemann traumatisiert. Er kam zwar seine Frau in der Klinik besuchen, doch gegen die Perspektive des baldigen Endes wehrte er sich. Er ließ den Gedanken nicht zu, sich von seiner Frau verabschieden zu müssen. Die Kinder besaßen die Fähigkeit (oder muss ich sagen, sie hatten das Glück?), sich mit der schmerzlichen Wahrheit vertraut zu machen. Ihre Mutter starb! Sie nutzten die verbleibende Zeit für viele Gespräche, für Nähe. Und als die Mutter schon nicht mehr sprechen konnte, waren sie einfach da. Auch als sie jene Schwelle überschritt, über die wir niemanden begleiten können. Aber bis zu dieser Schwelle hielten sie aus. Die Hand von ihren Kindern gehalten, ging Evelyn Tyrell aus diesem Leben hinaus, in jenen Zustand, der sich jenseits von Raum und Zeit befindet, von dem wir nichts wissen, den wir in unserer Not als „Tod" bezeichnen.

Ausführlich schildern mir Susanne und Sascha den Werdegang ihrer Mutter, kramen in Papieren und in ihrem

Gedächtnis nach Informationen über ihre Kindheit und Jugend. Sie reden behutsam von der Ehe ihrer Eltern, verschweigen Probleme nicht, stellen mir die Verstorbene als optimistische und patente Frau vor, die aus ihrem Leben etwas gemacht hat. Vor allem ihre Fähigkeit, aus wenig viel zu zaubern und unter schwierigen Verhältnissen den Alltag zu organisieren, heben die beiden hervor. Evelyn Tyrells Dasein auf Erden mag im Vergleich zu Spielfilmkarrieren nicht außergewöhnlich gewesen sein, aber erfüllt. Was ließe sich mehr wünschen?

Als Sascha den Raum verlässt, um ein Telefongespräch anzunehmen, flüstert mir seine Schwester zu: „Wissen Sie, mein Bruder hatte die letzten zwei Jahre den Kontakt zur Familie abgebrochen. Ist jetzt egal, warum. Aber als ich ihn anrief, kam er sofort. Er hing so an unserer Mutter!"

Erst auf dem Friedhof lerne ich den Witwer kennen. Er verharrt immer noch in ohnmächtiger Depression. Dass wir hier gleich seine Frau beerdigen werden, hat er noch nicht recht begriffen. Mit dem Verstand wohl, aber nicht mit dem Herzen. Zu Herzen geht dann das Wimmern Sascha Tyrells, als ich – auf seinen ausdrücklichen Wunsch hin – einen Text von Tucholsky vorlese, der die Mütter preist: Babys gewickelt, gekocht, gewaschen ... „und alles mit deine Hände".

Wir senken den Sarg ein; weil es in dieser Reihe ziemlich eng ist, bleibe ich unmittelbar neben dem Grab stehen. Die Tochter begleitet ihren stummen Vater, beide stehen einen Augenblick da, werfen Blümchen hinein. Dann kommt Sascha vor, wird plötzlich von einem Heulkrampf geschüttelt und ein gellender Schrei ertönt: „Mama!" Mir geht es durch Mark und Bein, Sascha wirft die Arme hoch, und ich denke gerade noch: „Hoffentlich springt der nicht ins Loch". Alarmbereit will ich den jungen Mann notfalls auffangen. Aber der trauernde Sohn ruft nur noch ein paar Mal „Mama! Mama!", das geht in ein Seufzen und Wimmern über, bis seine Schwester ihn von hinten fasst und vorsichtig zur Seite zieht. Die beiden umarmen sich, keiner wagt, etwas zu tun, alle starren die Geschwister an. Wie unbeteiligt wirkt nur der Vater.

Gut, dass Sascha die vierzehn Tage geblieben sind. Das war nicht viel, aber doch ein Geschenk.

Loslassen

„Man glaubt es ja nicht", sagt Frau Roggenkamp leise. Sie schüttelt den Kopf, scheint sich das Weinen zu verbieten.

Bei ihrem Lebensgefährten Horst Zahrnt hatte man ein halbes Jahr zuvor während einer Blinddarmoperation eher nebenher den Krebs festgestellt. Der war bereits so weit fortgeschritten, dass die Chemotherapie nichts mehr nutzte.

„Als es ihm schon richtig schlecht ging", erzählt Frau Roggenkamp, „da war er immer noch so stolz und würdig wie immer. Wenn wir zur Untersuchung kamen und die Ärztin fragte, ‚Wie geht es Ihnen heute, Herr Zahrnt', dann hat er immer noch lächelnd ‚Danke, gut' geantwortet. Die Frau Doktor meinte aber, er dürfe ruhig jammern. Denn dass er litt, war ihm doch anzusehen."

Auch ich überlege, wie ich diese trauernde Hinterbliebene, die vor lauter Stärke an den Tränen zu ersticken droht, zum „Jammern" überreden kann. Ob ihr Partner denn den Gedanken an seinen Tod bis zum Schluss wirklich verdrängt habe, möchte ich wissen. Sie geht davon aus. Pläne habe er gemacht für die Zeit nach der Klinik. Und sie selbst, die Frau an seiner Seite, die seinen sich rapide verschlimmernden Zustand täglich mitansehen musste? Hat sie sich auf diesen Tod vorbereiten können? Ihre Antwort lautet: „Man glaubt es ja nicht." Noch jetzt, einen Monat nach seinem Tod (der Leichnam wurde eingeäschert) hat sie nicht vollkommen realisiert, was eigentlich los ist.

Frau Roggenkamp und der Verstorbene waren einander sehr zugeneigt. „Er konnte ja am Ende nichts mehr essen", berichtet sie, „da habe ich aus Sympathie auch nicht mehr gegessen." – Und damit hat Frau Roggenkamp haargenau den Sinn des Wortes Sympathie erfasst: Es bildet sich näm-lich aus dem griechischen Begriff „sympatheia", der „Mit-gefühl, Übereinstimmung" bedeutet und wo auch das Wort „pathos", also „Leiden, Gefühl", drin steckt. Das Mitleiden ist ein Ausdruck der Liebe. Die Liebe aber überlebt den Tod.

In der Trauerhalle zitiere ich die Gedanken, die Frau Roggenkamp mir zur Verfügung gestellt hat: schnell fixierte Splitter, die alle mit „Er war ..." beginnen. Rhetorisch nicht gerade ausgefeilt, aber authentisch: So zärtlich konnte nur sie über den Toten sprechen, niemand anders. Mit ihrer Erlaubnis vorgelesen, werden sie zu einem – im wahrsten Sinne: liebevollen – Nachruf, an dem dann alle Trauergäste Anteil haben.

In der Kapelle, am Grab: Frau Roggenkamp ist so aufrecht und stark, so gefasst und würdig, wie sie ihren verstorbenen Gefährten beschrieben hat. Er wäre stolz auf sie. Nur ein-mal schwankt sie. Das Gesteck, mit dem die Urne eingefasst war, wird über die kleine Graböffnung gelegt, in der man gerade die Asche versenkt hat. Darin steckt ein Foto Horst Zahrnts. Sie wirft ihr Blümchen ins Grab, nimmt das Foto in die Hand, geht einen Schritt weg. Wir sehen uns in die Augen, ein Zucken geht durch ihr Gesicht; sie wendet sich wieder um und steckt das Foto zurück zwischen das Grün.

Loslassen fällt schwer.

Es ist vollbracht

„Wenn der Geist den Körper verlässt, hat die Hülle auf Erden ihren Sinn verloren."

So formuliert es Herbert Heinemann, einer der Söhne, in der Todesanzeige. Den anderen, Justus, lerne ich erst unmittelbar vor der Trauerfeier kennen: Die letzten Jahre brachte er es nicht mehr übers Herz, seine Mutter zu besuchen. Nun geht ihm das Herz über.

81 Jahre – das ist ein hohes, aber kein extremes Alter. Eine Reihe von Faktoren war dafür verantwortlich, dass Riccarda Heinemann ab ihrem siebzigsten Lebensjahr immer mehr abbaute. Sie verlor die räumliche und zeitliche Orientierung, wusste nicht mehr, wann und wo sie lebte. Ihre fortschreitende Demenz entfremdete sie sich selbst: Sie besaß schließlich kein Bewusstsein ihrer selbst mehr. Sie wurde bettlägerig, magerte ab, weil sie die Nahrungsaufnahme verweigerte, erblindete fast.

Die letzten Jahre pflegte sie keine offenkundigen Formen der Kommunikation mehr. Dennoch kam Herbert regelmäßig ins Altenheim, seine Mutter besuchen. Was sie noch mitbekam von seiner Anwesenheit, seinem Zuspruch, seinen Zeichen der Zuneigung, wie einem Händestreicheln oder Kuss, wer könnte das wissen?

An die zehn Jahre dauerte der Rückzug Riccarda Heinemanns aus den Dimensionen von Zeit und Raum. Zuletzt blieb da nur noch ihr mehr schlecht als recht funktionierender Körper übrig, die Hülle, wie Herbert es nannte. Ein Mensch, grundlegender Lebensbedingungen beraubt und doch mehr als ein atmender Leichnam. Ein Mensch im Foyer des Todes. Der Exitus mag für die Medizin eintreten, wenn das Herz zu schlagen aufhört und durch das Gehirn keine Ströme mehr fließen. Ihn aktiv herbeizuführen, um dem Leiden ein Ende zu bereiten – diesen Gedanken haben die Angehörigen nie erwogen. Als aber endlich der körperliche und geistige Zerfall im Tode mündet, da atmen sie auf.

„Wenn der Geist den Körper verlässt, hat die Hülle auf Erden ihren Sinn verloren." Ich zitiere Herbert Heinemann während der schlichten Abschiedsfeier in der Kapelle des Bestattungsunternehmers. Der Geist ist frei, ich darf wohl auch interpretieren: die Seele. Auf welche Art sie zuvor in diesem siechenden Körper gefangen war, braucht nicht definiert zu werden.

Der Tod Riccarda Heinemanns war erwartet, ja ersehnt worden – ihr zuliebe, im wahrsten Sinne aus Liebe zu dieser Frau. Ihre Persönlichkeit war in Auflösung begriffen, aber ihr kam die Würde zu, die jedem Menschen gebührt. Mich beeindruckt, wie würdevoll die Familie mit Riccarda Heinemann umgegangen ist.

Und jetzt, wo es soweit ist, kann Trauer aufbrechen. Ihr Sohn Herbert hat geschrieben: „Wir wollen sie in Erinnerung halten als eine stolze Frau, als eine gute Mutter und eine liebende Oma." Das kann auch Justus seufzend bejahen.

Eine Existenz ist vollbracht, der notwendige Schlusspunkt erreicht. Ein gutes Ende – endlich …

Nobody knows the trouble I've seen

Immer wieder der gleiche Konflikt, wenn ich am Grab meines Vaters stehe: Bauch und Kopf liegen im Streite. Will sagen, da gibt es eine unbestimmte Sehnsucht nach Austausch mit dem abwesenden Vater. Der Verstand aber sagt, mit einem Toten könne man nicht reden. Und dazu noch ausgerechnet auf dem Friedhof? Im Grab liegen nach mehr als dreißig Jahren kaum mehr als ein paar Knochenreste.

Als Kind habe ich den Vater kaum vermisst. In Ermangelung einer Vorstellung von dem, was „Vater" bedeutet, fehlte mir nicht, was ich nicht kannte. Während der Schulzeit nahm ich die Väter meiner Freunde und Bekannten als Personen wahr, vor denen man sich fürchten muss: „Wenn das mein Vater sieht!", hieß es, als beim Toben im Keller von Rainer eine Leiste von der Holzdecke abgegangen war. „Vater" – da drohte Zorn und Strafe. Es gab auch andere Väter, natürlich. Ich denke da an einen, der gleichzeitig

Zeitung lesen, fernsehen und sich überall ins Gespräch einmischen konnte. Ein guter Kerl, aber für so einen gab es in meiner Familie keinen Platz.

Das Nichtvorhandensein eines realen Vaters ermöglichte mir (dennoch? erst?) einen positiven Zugang zum Vater-Begriff. Wenn heute in religionspädagogischen Handreichungen zur Vorsicht aufgerufen wird, von Gott bildhaft nur als einem *guten* Vater zu sprechen, so geschieht das vor dem Hintergrund, dass junge Menschen ihren Vater nicht automatisch als gut empfinden. Mag er seine Pflichten verletzt, gar die Familie verlassen haben, mit so einem will Gott nicht verglichen sein.

Gott als meinen Vater zu akzeptieren, machte mir nie Schwierigkeiten. „Ihr sollt niemanden auf Erden euren Vater nennen", gebietet sogar die Bibel. Dass Gott mich liebt, dass er es gut mit mir meint, war die Grundlage meiner Religiosität. Die Autorität eines „Vaters im Himmel" anzuerkennen, fiel mir leichter, als dem „Herrn" Jesus Christus zu gehorchen. Wenn ich mich auch in meinem christlichen Glauben zu Hause fühle, so ist mir doch die theologische Konzeption der strengen Monotheismen des Judentums und Islams näher als die christliche Dreifaltigkeitslehre.

Mein leiblicher Vater war nicht abgehauen oder weggedrängt worden, wie der Vater der Scheidungswaisen, die ich im Laufe der Jahre kennen lernte. Er war auch nicht einer, der, obwohl körperlich zugegen, doch wie abwesend war, weil er sich aus allem raushielt, in der Erziehung nicht in Erscheinung trat und für die Kinder keine Zeit erübrigte. Nein, mein Vater war gestorben. Eine ehrenvolle Begründung für sein Nicht-Dasein. Ich musste mir, längst erwachsen, selbst zugestehen, darüber traurig sein zu dürfen, sogar wütend. Zwar bringt es nichts, einem Toten vorzuwerfen: „Warum bist du weg!? Wie kannst du mich allein lassen!?" Und doch verschafft es Befreiung, diesen anscheinend unsinnigen Gefühlen Raum zu geben.

Die Frage nach dem Vater wurde aktuell, als ich selbst einer wurde. Der Schwangerschaftstest positiv – meine Frau und ich schwankten zwischen Begeisterung und einer gewissen Furcht vor der Zukunft. Ob wir das packen würden? Gerade in eine fremde Stadt umgezogen, Judith bei einer neuen Arbeitsstelle, ich im dritten Semester. Mir zumindest fehlte das Vorbild für meine Rolle. Was macht denn ein Vater? Welche Erwartungen würde er erfüllen müssen? Das für mich zu klären, waren schmerzliche Prozesse, die ich zwischen Zwanzig und Dreißig durchlaufen musste. Es betraf im Wesentlichen mein Selbstverständnis als Mann.

Wenn ich mich alle vier Wochen mit meiner Männergruppe treffe, dann geht es um diese Fragen. Die Teilnehmer sind höchst unterschiedlich in Temperament, Weltanschauung und Beruf (Manager, Arzt, Händler, Architekt, Beamter). Uns verbindet aber die Diskussion von Problemen, die uns alle angehen. Unsere Position in Ehe und Familie gehört dazu; was man von uns als Ernährer, Geldverdiener, Erzieher, Entscheider, starkem Mann, Softi etc. erwartet. Wie können wir unseren Kindern gute Väter sein? Von welchen Klischees müssen wir uns frei machen? Welche Vorurteile treffen auf uns zu? Und welchen Einfluss hatte auf unseren Werdegang der leibliche Vater? Oder eben: Welchen Einfluss hat es, wenn es keinen Vater gab?

Ich bin ja nicht ohne männliche Mitmenschen aufgewachsen. Drei ältere Brüder, reichlich Onkel in der Familie, dazu Nachbarn, Bekannte, Freunde des Hauses, auch Priester der Gemeinde. Der Vater aber fehlte. Diesen Verlust spüre ich jetzt stärker als noch vor zehn Jahren. Möglicherweise sind meine Phantasien zu rosig, aber wie gern würde ich einmal mit meinem Vater über seine Erfahrungen sprechen. Wie schön könnte es sein, gemeinsam mit dem Vater über Philosophie, den Sinn des Lebens, die Gottesfrage zu debattieren und dabei eine Zigarre zu paffen? Ich wünsche mir, er hätte einmal stolz auf mich sein können, seinen Jüngsten. Er hätte mir anerkennend auf die Schulter geklopft und „Gut gemacht!" gesagt. – Unsinn, wahrscheinlich. Jenen Männern, die in meinem Alter über lebende Väter verfügen, sind solcherlei Erlebnisse in der Regel nicht gegönnt. Schade eigentlich.

Als meine Mutter ihren sechzigsten Geburtstag mit einem großen Fest beging, da hatte ich aus alten Fotos eine mit Musik unterlegte Diashow zusammengestellt. Als Mutter gerade mal achtzehn Jahre alt war, trat dieser Franz in ihr Leben. Vom Kennenlernen („in einer kleinen Konditorei") über die Hochzeit und die rasch aufeinander folgenden Geburten der Kinder, den Hausbau und hoffnungsvollen Umzug „ins Grüne" – da kamen wir am Tod ihres Mannes nicht vorbei.

Zum Bild seines Grabes hatte ich eine Version des Gospels „Nobody knows the trouble I've seen" ausgewählt, ein Arrangement von Orgel und Saxophon. Die Melodie spielte fast eine Minute. Die Gäste der Feier packte eine eigenartige Ergriffenheit. Die ausgelassene Stimmung ruinierte das nicht. Für eine Minute waren alle still, lauschten und machten sich klar, wie groß die Liebe zwischen den beiden war – und wie enorm die Leistung meiner Mutter, die fortan allein die Familie durchbrachte.

Wenn ich seitdem am Grab meines Vaters stehe, summe ich oft das Lied: „Nobody knows the trouble I've seen, nobody knows but Jesus!" Ich gestatte mir selbst, zu klagen. Ja, es ist ein Kummer, keinen Vater gehabt zu haben. Aber, wenn es stimmt, was das Lied sagt, dass Jesus diesen Kummer kennt, dann, so ist mir klar, hat er noch ganz andere Nöte gesehen. Nöte, gegen die meine bescheiden sind. Zwar musste ich auf einen Vater verzichten, nicht jedoch auf Menschen, die mich lieben. Das ließ mich an Gott glauben, wenn auch nicht immer.

II. Manchmal ist das Leben bitterer als der Tod

Lehre uns bedenken, dass wir sterben müssen, auf dass wir klug werden.

Aus Psalm 90

Eine Aufgabe, die die Mühe lohnt

Mitten im zwölften Schuljahr des Gymnasiums hatte ich keine Lust mehr auf diese Art des Lernens. Mit der Aussicht, eine Fachakademie für Gemeindepastoral in Bayern besuchen zu können, ließ ich die Schule hinter mir, obwohl ich auf Bayern auch keine Lust hatte. Eigentlich wollte ich etwas ganz anderes machen, ich wusste nur nicht, was.

Als ich meinem Freund Dirk davon erzählte, griff der zum Telefon und arrangierte kurzerhand einen Termin mit seinem Nachbarn – einem Beerdigungsunternehmer. Ich ging gleich rüber zu diesem improvisierten Vorstellungsgespräch. Was ein Bürokaufmann im Bestattungsgewerbe tut und lässt, davon hatte ich nur ganz grobe Vorstellungen. Der Chef war kurz angebunden, wir sprachen ein paar Takte miteinander, dann verkündete er offen sein Urteil: „Sie sind mir zu jung! Hier haben Sie mit Leuten zu tun, die reife Ansprechpartner brauchen." Wahrscheinlich war ich damals ein wenig eingeschnappt, weil mir ein Fremder meine Unreife vorhielt; heute weiß ich, wie Recht er hatte.

Das Leben nahm dann andere Wendungen. Als mehr als zehn Jahre später das Stipendium für meine Promotion auslief, ich aber noch lange nicht fertig war, hieß es, Phantasie zu entwickeln, wie ich an Geld kommen könnte. Ich schrieb seinerzeit schon Bücher, verfasste Beiträge für Zeitung und Radio, unterrichtete an der Volkshochschule. Aber alle Jobs waren wenig einträglich, und vor allem muss man dabei ewig lang auf seine Honorare warten.

Wie es dann genau dazu kam, weiß ich nicht mehr: Ich erinnerte mich an eine Idee aus meiner Kindheit. Da saßen wir Kinder (die anderen alle älter als ich) beim Abendbrot zusammen und schmiedeten Pläne. Eine gemeinsame Firma sollte entstehen, ein Café vielleicht oder ein Laden. Die Sache mit dem Beerdigungsinstitut ging wahrscheinlich auf Christoph zurück, den Schreinerlehrling. Er spottete gern: „Praktisch denken, Särge schenken", und irgendeiner sprach die Weisheit aus: „Gestorben wird immer." Es wurden dann die Posten verteilt: Hildegard, die Krankenkassenangestellte, würde die Verwaltung führen, Christoph die Särge produzieren, Thomas die schwarze Sarglimousine kutschieren, Ursula beraten und verkaufen. Welche Positionen Monika und Hans-Jakob zufallen sollten, weiß ich nicht mehr. Auf jeden Fall war ich auserkoren, die Reden zu halten, weil ich mich immer schon gern vor anderen produziert hatte.

Es kam dann alles ganz anders: Christoph, der Meister, ist Lehrtischler für Umschüler geworden, Hildegard schafft immer noch bei der Krankenkasse, Thomas arbeitet als Pfleger im Landeskrankenhaus. Hans-Jakob hat bei einer Berufsgenossenschaft Karriere gemacht, Monika und Ursula versorgen ihre Familien. Nur ich machte es wahr, schrieb einen bekannten Bestatter an, der lud mich zum Kennenlernen ein. In meinen Hochzeitsanzug gezwängt – mittlerweile hatte ich fast zehn Kilo zugenommen – und, tatsächlich zum ersten Mal in meinem Leben, mit einer Krawatte um den Hals, machte ich mich auf den Weg nach Bonn. Herr Müller, ein überaus freundlicher Mensch, war für mein Anliegen aufgeschlossen, suchte auch gerade einen Redner, informierte sich natürlich über meine Berufserfahrung. Tja, was sollte ich da sagen? Von reichhaltiger Beerdigungs-Kenntnis sprach ich, ohne zu lügen. Als Messdiener hatte ich bei mindestens hundert Beisetzungen assistiert. Eindrücklich in Erinnerung ist mir die Fürbitte am offenen Grab geblieben, wo man für jenen betet, „der als erster aus unserer Mitte dem Verstorbenen vor das Angesicht Gottes folgen wird". Ich fühlte mich immer angesprochen. Kurzum, Herr Müller wagte es mit mir, was ich ihm bis heute danke.

Für den ersten Termin kaufte ich mir ein weißes Hemd. Beim Anziehen erst merkte ich, dass man dafür Manschettenknöpfe benötigte; so etwas besaß ich doch nicht, musste

44

also in Hektik welche aus gegeneinander genähten Hemd-
knöpfen basteln. Beim Anzug versetzte ich die Knöpfe des
Jacketts, um mehr Luft zu bekommen. Der schwarze Bin-
der war von Karl-Heinz geliehen. Es lief für alle Beteiligten
zufriedenstellend.

Im Laufe der Jahre habe ich natürlich an Sicherheit und
Souveränität hinzugewonnen. Die außergewöhnliche
Abschiedssituation weiß ich in der Regel zu meistern.
Immer noch lerne ich dazu. Mein Nebenberuf ist herausfor-
dernd und doch erfüllend. Ich lerne interessante Schicksale
von Menschen kennen, die ich mir kaum hätte ausdenken
können.

Dieser Dienst, einen verstorbenen Menschen zu würdigen und den Angehörigen ein wenig Beistand in schwerer
Zeit zu leisten, ist befriedigend. Die Möglichkeit zu trösten,
hält sich allerdings in Maßen. Den Kontakt zwischen den
Angehörigen und mir stellt das Bestattungsinstitut her. Es
fragt beispielsweise ein Kunde: „Was machen wir denn,
unsere Mutter ist aus der Kirche ausgetreten!?" Da habe er
jemanden, beruhigt der Bestatter, und vermittelt.

Ich vereinbare mit den Hinterbliebenen einen Termin
und besuche sie dann zum Vorgespräch, das in der Regel
eine Stunde dauert, bei komplizierten, also tragischen Fällen auch mehr als zwei. Diese Gespräche verlaufen meistens sehr offen: Man spricht mit großem Vertrauen, gibt
Hintergrundwissen preis, das nicht für die Öffentlichkeit
bestimmt ist, lässt Trauer und Wut heraus. Da ich mich
als Dienstleister verstehe, will ich die Angehörigen nicht
zu einer bestimmten Sichtweise drängen. Fast immer will
man jedoch meine Position kennen; so erzähle ich von meiner Sicht der Dinge: Trauer darf sein, Trauer muss sein. Sie
ist ein tiefes Tal, das durchschritten werden muss. Beerdigungen sind keine Gerichtsverhandlungen; Schuldsprü-
che – ganz gleich in welche Richtung – haben dort nichts
zu suchen. Und am Ende bleibt Hoffnung, denn es gibt ein
Leben danach: ob nun in einem Jenseits, was wir nicht wis-

sen, nur glauben können, oder in der Erinnerung jener, die den Toten kannten und liebten.

Jeder Tote bekommt von mir eine eigene, individuelle Rede. Natürlich habe ich einen Aufbau entwickelt, der sich bewährt hat und wiederholt wird. Natürlich verwende ich schöne Texte aus Dichtung oder Bibel gerne wieder. Auch bemühe ich mich um eine gepflegte Ausdrucksweise und einen guten Vortrag. Aber es wird nicht geheuchelt. Phrasen vermeide ich, so gut es geht. Dass nirgendwo so viel gelogen werde, wie auf dem Friedhof, mag sein. Ich will diese Unwahrheiten nicht noch vermehren, bin dabei jedoch auf die Auskünfte der Hinterbliebenen angewiesen. Aber da gewinnt man mit der Zeit auch ein Gespür für die Botschaften zwischen den Zeilen. „Sie war schon dominant", diese kurze Bemerkung sagt eine ganze Menge aus, ebenso: „Man hatte es nicht immer leicht mit ihm". Auch scheint es mir nötig, den Tod beim Namen zu nennen. „Dahin-" oder „von uns gegangen", „entschlafen", „nicht mehr unter uns weilen" – all diese beschönigenden Umschreibungen zu verwenden, ist ja nicht verboten, aber es muss auch gesagt werden: Dieser Mensch ist tot! Wer in das tiefe Grab geschaut hat (zweifellos ein schrecklicher Moment!), der kann überwinden.

Was ich stets vermeide, ist, den Toten anzusprechen. Ich scheue mich, einen Leichnam als lebendig zu betrachten. Verständnis habe ich allerdings, wenn in Liebe verbundene Menschen über den Tod hinaus kommunizieren wollen. Ich ermuntere sogar, „in der Stille des Herzens das zu sagen, was während des Lebens versäumt wurde". Aber mir steht diese Intimität doch nicht zu. Ich kannte die Verstorbenen doch nicht und darf dann nicht so kameradschaftlich tun, zu sagen: „Wir vermissen dich so!"

Nach der Trauerfeier sende ich den Hinterbliebenen einen (ich bekenne: fotokopierten) Kondolenzbrief. Manche rufen dann noch einmal an, und wir reden ein bisschen. Diese Zeit nehme ich mir gern. Es kommt vor, dass jemand das Manuskript der Rede haben möchte; diese Bitte erfülle ich selbstverständlich. Sogar Weihnachtskarten und Urlaubsgrüße habe ich schon erhalten; Zeichen dafür, dass meine Worte ankamen.

Praxis habe ich erworben im Laufe der Jahre, Kenntnisse gesammelt – und doch bin ich mir wohl bewusst, wie beschränkt meine Vertrautheit mit dem Thema Tod ist. Ein Allround-Fachmann bin ich nicht! Nur eine Handvoll Toter habe ich gesehen: die Großmutter väterlicherseits, den Rosenkranz um die Hände gewickelt, und Tante Anna Josefine, eine verwandte Klosterschwester, die mit schwarzem Schleier im offenen Sarg lag, als würde sie schlafen. Und dann kommt es vor, dass man in manch einem Friedhofsgebäude, wenn man den Hintereingang benutzt, an Leichnamen vorbeikommt, über die sich noch nicht der Deckel wölbt.

Auch war ich noch nie beim Sterben eines Menschen anwesend. Was zum Alltag von Altenpflegerinnen, Krankenschwestern, Pfarrern und Sterbebegleiterinnen gehört, steht mir noch bevor: mit eigenen Augen sehen, wie das ist, wenn ein Mensch jene Schwelle überschreitet, über die ihn niemand begleiten kann. Mitunter heule ich Rotz und Wasser, wenn im Film einer stirbt, dem meine Sympathie galt. Wie sich das aber in der Realität abspielt, werde ich bestimmt noch kennenlernen. Ich brenne nicht darauf, das gebe ich zu. Und doch gehört es zu den elementaren Lebenserfahrungen.

Was den Bereich Tod und Trauer angeht, so sind heute die einzelnen Aufgaben sehr differenziert. Spezialisten für den Sterbeprozess, Spezialisten für die praktischen Dinge, die mit der Beerdigung zusammenhängen, Spezialisten schließlich für die Trauerfeier. Wäre es nicht schöner, alles käme aus einer Hand, wir könnten noch unmittelbar die Abschiedsstationen vom Sterbebett bis zum Grab selbst gestalten? Kaum noch ein Sohn trägt den Sarg seines Vaters. Die Bestattungs- und Trauerkultur ist standardisiert. So und nicht anders hat das heute auszusehen; Abweichungen vom Üblichen fallen auf.

Es ist nicht meine Aufgabe, dieses System der Entfremdung vom Umgang mit dem Tod zu revolutionieren. Meine Aufgabe ist die, im wahrsten Sinne, ansprechende Rede. Vielleicht, denke ich mir manchmal, haben die Leute am Friedhofstor schon wieder vergessen, was ich gesagt habe. Aber wenn sie behalten, wie ich es sagte – sie ernst nehmend, mitfühlend, würdigend, Mut machend, einen Blick nach vorn zu werfen – dann hat sich meine Mühe gelohnt.

Handkuss für die Mutter

Manchmal verrät eine Geste mehr als tausend Worte: Der Sarg mit der Verstorbenen Irmgard Mühlhaus ist soeben in das Grab gesenkt worden.

Sie gehörte zum Typ „brave Hausfrau", ging in ihren Pflichten als Ehefrau und Mutter auf. Sie nahm sich selbst zurück, war für die anderen da. Durch den Beruf ihres Mannes – eines Soldaten – musste die Familie oft umziehen. Immer wieder hieß es, sich auf eine neue Umgebung einzustellen. Während der Offizier aber in der Kaserne auf Kameraden traf, fiel es der Frau und dem Kind schwer, neue Kontakte vor Ort zu knüpfen.

Ich bete also noch ein Vaterunser und spreche einen Schlusssatz, schließlich gebe ich eine Schippe Sand auf den Sarg. Dann tritt der Ehemann vor. Er wirft einen Strauß Chrysanthemen ins Grab, verneigt sich kurz, fertig.

Der Sohn geht jetzt langsam den Schritt bis an die Kante des Grabes, Stefan Mühlhaus. Ein promovierter Jurist, wie mir der Witwer stolz beim Vorgespräch erzählt hat. Er hat keine Blumen dabei. Steht nur still da, mit traurigen Augen. Küsst zärtlich auf die flache Hand und gibt diesen Kuss mit schenkender Gebärde in die Tiefe des Grabes. Wieviel Zuneigung steckt darin! Da versetzt ihm von hinten der Vater wortlos einen Stups. „Mach voran", gebietet diese Geste, „zieh hier keine Show ab!"

Anscheinend ist dem Vater dieses offensichtliche Zeichen der Liebe peinlich. Der Sohn erschrickt, erwacht wie aus einem Traum, tritt schnell zur Seite, guckt betreten: Ertappt ...

Ich sehe plötzlich den kleinen Stefan Mühlhaus vor mir. Ich sehe einen blassen, milchgesichtigen Knaben, der vom Vater gefordert und ermahnt wird und der doch mit seinen Leistungen nie genügt. Auch eine Hand ist da, die dem Buben eine Ohrfeige versetzt. Und ich sehe die Mutter, wie sie sich schützend vor ihren Sohn stellt.

Zugegeben, das alles ist meiner Phantasie entsprossen. Da hat ein alter Mann seinen erwachsenen Sohn zur Ordnung gerufen, in einer intimen Abschiedssituation Haltung zu bewahren. Mehr nicht – aber auch nicht weniger als das. Eine öffentliche Züchtigung.

Hoffentlich war das Leben zu den Mühlhausens gnädiger, als ich es mir ausmale.

Überraschung

10.59 Uhr. Wir beginnen in der Regel pünktlich. Das heißt: In einer Minute wird die Orgel anfangen zu spielen, ich werde durch die Bankreihen nach vorn zum Sarg schreiten, mich verneigen und eine Trauerrede halten.

Heute spreche ich für Erich Overbeck. Das Vorgespräch habe ich gestern mit der Witwe und einer Schwester des Verstorbenen geführt. Die beiden Damen waren nicht sonderlich auskunftsfreudig, aber ich selbst mache ja immer zu Beginn der Unterredung klar, dass es den Angehörigen natürlich vollkommen frei steht, was mir erzählt wird und was nicht. Mitunter berichtet man viel und bittet dann darum, nicht alles zu erwähnen.

Über Erich Overbeck gab es anscheinend nur Gutes zu sagen: Vater zweier erwachsener Söhne (sie sitzen mit ihren Frauen schon in der Kapelle), ehemaliger Kaufmann, fleißig und hilfsbereit, liebte den regelmäßigen Urlaub auf Mallorca. Kurzum, für einen halbwegs routinierten Redner kein komplizierter Fall.

Der Organist ist gerade hineingegangen. Ich stehe mit den Sargträgern unweit des Eingangs zur Kapelle. Der eine raucht schnell noch das Zigarettchen auf, der andere muss einen derben Witz loswerden. So banal kann's zugehen, wenn man jeden Tag mit dem Tod zu tun hat. Und doch habe ich auch bei diesen abgebrühten Männern Ergriffenheit erleben können.

11.00 Uhr. Die Orgel beginnt zu spielen, der Zigarettenstummel verschwindet, ich kontrolliere, ob die Jacketttaschen ordentlich zugeklappt sind, da eilt noch eine jüngere Frau herbei. Selbstverständlich warte ich den Augenblick ab, bis sie da ist.

„Ist das die Beerdigung Erich Overbeck?", fragt sie atemlos.

Ich bejahe.

„Ich bin seine Tochter", behauptet die Frau.

Verblüfft weiche ich ein wenig zurück. „Bitte entschuldigen Sie meine Überraschung", sage ich vorsichtig, „aber mir war nicht bekannt, dass der Verstorbene eine Tochter hatte."

„Da sehen Sie, wie die drauf sind!" Durch die Augen der Frau geht etwas wie ein Blitzen. Sie wirft den Kopf in den Nacken und will jetzt in die Kapelle eintreten.

„Darf ich nach Ihrem Namen fragen, damit ich Sie bei der Begrüßung erwähnen kann?", frage ich, noch etwas durcheinander von der unvorhersehbaren Situation.

„Nicht nötig!" Sie verschwindet in der Kapelle, nimmt in der letzten Bank Platz.

Ich muss endlich anfangen, der Organist guckt schon ungeduldig und dreht Warteschleifen mit Bachs Air.

Während der Rede lasse ich den Vorfall unerwähnt. Das scheint mir das Klügste zu sein. Aber der Gedanke, mindestens einer der Anwesenden lüge, macht ein unwohles Gefühl. Entweder hat mir die Gemahlin die Existenz der Tochter aus unerfindlichen Gründen verschwiegen (schwarzes Schaf der Familie?, uneheliches Kind?) oder die junge Frau gibt familiäre Bande vor, die gar nicht existieren? Beide Möglichkeiten scheinen mir irgendwie absurd. Aber sind die Menschen nicht oft genauso verrückt? Selbst in der Stunde des Abschiednehmens von einem Menschen wird dem Streit mehr Raum gegeben als dem Willen zur Versöhnung. Auch die Absolutheit des Todes ermutigt nicht alle zur Ehrlichkeit.

Erich Overbeck soll eingeäschert werden. Heute war also nur die Trauerfeier, keine Beerdigung. Als ich wieder nach draußen schreite, ist die junge Frau, die mir ihren Namen zu nennen nicht für nötig hielt, schon verschwunden.

Pietätlos?

Frau Deutz inszeniert Betriebsamkeit: Mich verweist sie auf einen Küchenstuhl, sie rennt noch ein wenig hin und her, kramt in Papieren, bespricht sich mit ihrer Tochter, nimmt ein Telefonat entgegen, das sie schmissig mit dem Hinweis auf meine Anwesenheit beendet, schließlich setzt sie sich mit einer Flasche Bier in der Hand an den Tisch.

„Sie müssen schon entschuldigen, junger Mann, aber ich habe einen Durst!", sagt sie mit burschikosem Grinsen zu mir und trinkt aus der Flasche.

„Aber bitte doch", antworte ich aufmunternd.

Frau Deutz aber bellt gleich zurück: „Das ist mir eh egal, was Sie davon halten. – Sie auch eins?"

Ich verneine dankend, erkläre jedoch, um nicht hochnäsig zu wirken, wenn ich Bier trinke, dann ebenfalls ihre Sorte: das berühmte Spät-Kölsch.

„Also doch", sagt Frau Deutz kopfschüttelnd, steht ächzend auf, holt eine Flasche aus dem Kühlschrank, öffnet sie und stellt sie polternd vor mich hin. „Glas?"

Ob ich will oder nicht, ich muss jetzt trinken, nehme das Glas dankbar an: Vormittags gegen elf, das ist nicht meine Zeit für solche Getränke, dazu noch während eines Trauergesprächs. Aber ich will die Atmosphäre nicht durch Nebenprobleme belasten. Wir prosten uns zu.

Frau Deutz erzählt dann von ihrem Lebensgefährten, dem verstorbenen Heinrich Fink: „10. August, steht auf dem Totenschein. Aber der Heini ist am 22. Juli gestorben."

Ich kann das nicht auf Anhieb nachvollziehen.

„Der ist umgefallen, auf dem Stadtfest. Vor der Würstchenbude. Zack, weg!"

Sie nimmt einen Schluck, leckt den Schaum von der Oberlippe.

„Der war da schon tot. So gut wie tot. Die drei Wochen im Koma – das war doch nix mehr!"

Ich höre zu und ermuntere meine Gesprächspartnerin zum Erzählen. Ich hoffe, mit der Zeit würden sich die Puzzleteile zu einem sinnvollen Ganzen zusammenfügen.

„Ich bin schon mal verwitwet. Mein Mann starb vor zwölf Jahren. Ich weiß, wie das ist."

Frau Deutz spricht wie eine, die keinen Widerspruch duldet. Aber gegen welche Vorwürfe sich ihre präventiven Angriffe richten, verstehe ich noch nicht.

„Der Heini konnte diese Heuchelei nicht ab! Das können Sie den Leuten deutlich sagen! Am liebsten würde ich alles abblasen." Ihr Gesicht ist aggressiv verzerrt.

Ich will Frau Deutz das Gefühl geben, dass ich weder ihr Gegner bin, noch irgendwelche Urteile fällen möchte, sondern zunächst kapieren muss, wo das Problem liegt.

„Frau Deutz", hake ich in ihren Redefluss ein, „Moment mal, bitte. Damit das vorneweg klar ist: Eine Trauerfeier ist keine Gerichtsverhandlung. Jetzt klären Sie mich doch erst einmal auf, was eigentlich los ist."

Ihre Züge entspannen sich ein wenig. Dann berichtet sie noch einmal von der Aufregung, als Heinrich Fink so plötzlich aus dem Hier und Heute ausschied. In der Klinik machte man ihr keine Hoffnungen. Eine Rückkehr ins Leben sei unwahrscheinlich, aber noch war er eben nicht wirklich tot. Eine Phase zwischen Himmel und Erde begann. Niemand wusste, wie lang das dauern würde. Diese Ungewissheit nagte an Frau Deutz. Obwohl er noch da war – als Patient an Apparate angeschlossen –, hatte sie ihren Partner schon verloren.

In dieser Not machte sie sich mit dem nahenden Abschied vertraut und suchte das Bestattungsinstitut in ihrer Nachbarschaft auf. Sie regelte prophylaktisch, was zu regeln war: Sarg aussuchen, Grabstelle reservieren, Totenbrief (mit offenem Datum) formulieren. Das hatte jemand aus ihrem Bekanntenkreis mitbekommen, sich über ihre Aktivitäten empört, und nun nahm der Tratsch seinen Lauf. Die Deutz habe den Fink abgeschrieben, das sei doch unerhört, sie könne wohl seinen Tod nicht abwarten, dieses Luder, hieß es.

Frau Deutz empfindet sich als das Opfer böser Intrigen. „Was sollte ich denn machen?", fragt sie, um meine Akzeptanz geradezu flehend. „Es war doch klar, dass er stirbt. Ich wollte mich vorbereiten."

Ich kann guten Gewissens Verständnis für ihr Handeln signalisieren. Als ihr bewusst wurde, der Kampf sei verloren, da wollte sie klare Verhältnisse. Selbstverständlich besuchte sie ihn regelmäßig. Doch parallel dazu machte sie sich mit den praktischen Seiten seines Todes vertraut. Eine Art vorweggenommene Trauerarbeit. Sie erfuhr ja nicht zum ersten Mal, wie das ist, einen geliebten Menschen loslassen zu müssen.

Dann war da noch der Totenbrief, der quasi als Postscriptum statt um Kränze und Blumen um Spenden für die Beerdigungskosten bat.

„Wissen Sie, was eine Beerdigung kostet, junger Mann?!"

Frau Deutz macht eine wegwerfende Geste. „Verrückt ist das! Ich hab das Geld nicht so rumliegen."

Diese offene Bitte um finanzielle Unterstützung legte man ihr als pietätlos aus. Raffgierig sei sie, wolle wohl noch ein Geschäft mit Heinis Tod machen.

„Hat das wirklich Ihnen gegenüber jemand behauptet?", frage ich entsetzt.

Frau Deutz gibt zu, dies sei nur ihre Vermutung.

Viel Misstrauen ist also im Spiel. Und Frau Deutz beteuert noch einmal, als ich mich verabschiede, wie sehr es ihr vor der Beerdigung graue. Nicht, weil man ihren Lebensgefährten bestattet. Damit hat sie sich innerlich schon abgefunden. Sondern weil sie in dieser Situation mit all den Leuten zusammentreffen muss, die ihr zuwider sind.

Doch auf dem Friedhof ist dann drei Tage später glücklicherweise alles viel weniger schlimm als erwartet. Ohne große Worte versöhnt man sich vor dem Toten: Die sich eben noch das Maul zerrissen haben, kondolieren. Frau Deutz lässt es sich gefallen. Schließlich lebt sie weiter mit all diesen Menschen, die für sie kaum Verständnis aufbringen können.

Eine alte Frau

Im gesegneten Alter von 86 verstarb Frau Koppek. Ich rufe bei einem ihrer Söhne an, um einen Gesprächstermin zu vereinbaren.

„Ich möchte mit Ihnen die Trauerfeier für Ihre verstorbene Mutter vorbereiten", erkläre ich.

„Lohnt sich denn, dass Sie dafür extra herkommen?", erkundigt sich Herr Koppek. (Wir wohnen im selben Stadtteil.)

„Ich würde Sie bitten, mir etwas von Ihrer Mutter zu erzählen", begründe ich mein Anliegen.

Seine Reaktion: „Da gibt es doch nicht viel zu erzählen; das war doch eine alte Frau."

Ich stutze. „Ich meine, gerade deswegen müßte es viel zu erzählen geben."

„Wenn Sie meinen."

Dieses ignorante Präludium stimmt mich nicht gerade positiv ein. Ich bemühe mich aber, Herrn Koppek vorurteilsfrei zu begegnen. Gelangweilt erzählt er dann, die Mutter habe die letzten 14 Jahre allein gelebt, nachdem ihr Mann verstorben war (den sie zuvor vier Jahre gepflegt hatte). Fünf Kinder hat sie geboren, sieben Kindern war sie Groß-, zweien Urgroßmutter. Ach ja, dann gab es da noch die Flucht 1945 aus dem Osten. Bei Nacht und Nebel. Als handle es sich um einen amüsanten Schwank, so berichtet der Sohn von den Mühen seiner Mutter, die ohne Mann – der befand sich bis 1949 in russischer Kriegsgefangenschaft – den Neuanfang im Westen organisieren musste. Durchgangslager Friedland, Umzug zu Verwandten nach Leer in Ostfriesland, Umzug nach Herne, schließlich 1953 Niederlassung der Familie im Rheinland. Die restlichen vierzig Jahre fasst er summarisch zusammen: „Sie war dann eben Hausfrau und hat die letzten fünf Jahre im Heim gelebt. War auch krank."

Nachgefragt, welche Krankheit das gewesen sei, kann der Sohn keine Auskunft geben. Als ich wissen möchte, welche Hobbies die Mutter pflegte, was sie tat, wenn sie nicht arbeitete, weiß der Sohn nichts zu sagen. Ich bitte um eine Charakteristik, ich frage, mit welchen Eigenschaftswörtern der Sohn die Mutter beschreiben würde, doch er muss passen.

Mir sitzt ein beklemmendes Gefühl in der Brust. Bei Herrn Koppek ist es kein Problem der Formulierungskunst; er hat einfach nichts zu sagen. Sein Unwissen, seine Unfähigkeit, mir über dürre Daten hinaus seine Mutter als Menschen zu beschreiben, stößt mir peinlich auf.

Herr Koppek kannte seine Mutter gar nicht. Wie konnte

es dazu kommen? Immerhin steht er selbst im sechzigsten Jahr. Er ist mir nicht übermäßig sympathisch, aber er wirkt keineswegs bösartig oder sonst wie negativ. Vielleicht war ja diese eigenartig oberflächliche Nicht-Beziehung Frucht der Unfähigkeit, sich aufeinander einzulassen, voreinander zu öffnen? Oder gehe ich einfach von falschen Voraussetzungen aus, wenn ich es als natürlich ansehe, dass sich Mutter und Sohn füreinander interessieren?

Auf dem Friedhof ist Herrn Koppek die Hilflosigkeit anzumerken, mit der Situation umzugehen. Die Mutter zu Grabe tragen, das ist nun mal eine schwere Aufgabe, auch wenn Herr Koppek kaum ahnt, wen er eigentlich verloren hat.

Ein Toter gehört keinem

Herr Schäfer bevorzugt eine deftige Ausdrucksweise. „Carola hat doch immer die Arschlochkarte gezogen!", sagt er und nimmt aus seiner Kaffeetasse einen Schluck, als wäre das ein Maßkrug.

Der Bruder der Verstorbenen führt das Wort. Reiht ein paar biografische Daten aneinander: Geburt, Abitur, Umzug, eine Ausbildung (zu erklären, um was es ging, scheint schon zu mühsam), dann das Jurastudium. Jura! Anstrengend, aber angesehen! Zweites Staatsexamen und Diagnose „unheilbarer Krebs" fielen in dieselbe Woche. Carola war knapp über vierzig Jahre alt.

Er schließt: „Das ist alles, was man über meine Schwester sagen kann!" Ihre Eheschließung mit Markus Vormwald spart er aus. Vergessen? Unwichtig? Sein Schwager, tags zuvor verwitwet, sitzt mit am Tisch.

Herr Schäfer hadert mit dem Tod seiner Schwester: Endlich hätte das Leben anfangen können, meint er, jetzt, wo sie das Examen in der Tasche hatte. Und dann ... Am schlimmsten findet er, dass man niemanden für ihren Tod verantwortlich machen kann. Ein Unfall wäre für ihn leichter zu ertragen gewesen.

Ohne Gefühle ist Herr Schäfer keineswegs. Er verbirgt seine Trauer nicht, nicht seine Verzweiflung und Aggression. „Wissen Sie, wie das ist, wenn man eine Schwester verliert, mit der man so innig verbunden war, all die Jahre?", fragt er. Nein, ich weiß das nicht: Meine Geschwister leben noch alle, und dafür bin ich dankbar.

Immerhin bittet er mich, ein tröstendes Wort an seine Mutter zu richten; die alte Dame muss mit fast 76 Jahren ihre einzige Tochter beerdigen. Ignoriert wird aber der Schmerz des Ehemanns. Der sagt kaum etwas. Sein Verlust scheint hier, im Wohnzimmer des Bruders der Verstorbenen, nebensächlich. Ich frage den Witwer nach dem Hochzeitsdatum: Es liegt noch nicht einmal ein Jahr zurück.

Die Spannung im Kreise der Angehörigen knistert. Kann ich da vermitteln? „Die Verstorbene hatte zu jedem von Ihnen ein ganz eigenes Verhältnis, etwas, das Ihnen niemand nehmen kann", versuche ich zu formulieren, was allen Beteiligten gerecht wird. „Und was die kurze Lebenszeit angeht", fahre ich fort, „ist es da wirklich eine Frage der Quantität? Macht es ein Leben besser, wenn es länger ist an Jahren? Wenn man öfter in Urlaub war und häufiger Weihnachten gefeiert hat? Macht nicht die Qualität ein Leben wertvoll?" Man hört mir aufmerksam zu, auch der Vielredner Schäfer schweigt.

„Das Studium ist nicht das Entscheidende, sondern die Frage: Ist Carola Vormwald geliebt worden? Und hat sie selbst geliebt? Oder war sie einsam und verlassen und unglücklich?" Beide Männer schütteln den Kopf. Geliebt wurde sie, bekräftigen beide, und geliebt habe sie. Jeden auf seine Weise. – Die Atmosphäre im Zimmer hat sich ein wenig beruhigt. Um die Zuneigung der Verstorbenen zu konkurrieren, wie töricht! Jeder hat seinen Platz.

Der Ehemann ruft mich am nächsten Tag an, um sich für

die Dominanz seines Schwagers und seine eigene Zurückhaltung zu entschuldigen. Ich wehre sanft ab; Rechtfertigungen sind vollkommen unnötig. Und wie schwierig sich
das Verhältnis zum Bruder seiner Frau gestaltet, brauchte
er nicht groß zu erklären: Dass Herr Schäfer Markus Vormwald für seiner Schwester nicht würdig hält, ist offenkundig. Auf dem Weg der Gelassenheit fortzuschreiten, kann
ich ihn nur ermutigen.

Bei der Beerdigung hält sich Herr Schäfer auffallend
zurück, sitzt abseits, verlässt für Minuten die Kapelle. Nur
am Grab, da wirft er schnell vor allen anderen seine Blümchen in die Grube ...

Er kam immer zuerst

„Naja, mein Mann war schon ein ganz eigener", lächelt die
Witwe bitter. „Wenn Sie verstehen, was ich meine." Ich bitte
um Konkretisierung.

„Also, er konnte gut für sich sorgen." Die Frau nimmt
einen tiefen Zug aus ihrer Zigarette, die auf einer langen
schwarzen Spitze qualmt. Sie scheint eine treffendere Formulierung zu suchen.

„Er dachte zuerst einmal an sich." Das war wohl passend, denn ein Grinsen huscht über ihr faltiges Gesicht.
Sie zieht wieder an der Zigarette, sieht dem abziehenden
Rauch nach und verbessert sich dann: „Er dachte eigentlich
nur an sich."

Ich sitze der alten Dame schweigend gegenüber und
signalisiere Aufmerksamkeit.

Sie zuckt die Schultern: „Nennen wir es doch beim
Namen: Er war ein Egoist."

Ich blicke jetzt vorsichtig mitfühlend drein.

„Ja, er war ein Egoist. Ach, was sage ich?" – Sie zieht heftig und stößt den Rauch durch die Nase aus, das Gesicht schmerzvoll verzerrt. „Egoist ist noch viel zu milde ausge-drückt. Viel zu milde. Er war ein Egozentriker. Ein schreck-licher Egozentriker. Ja, das war er."

Jetzt fühlt sie sich anscheinend wohler. Sie lächelt. Erst-mals blickt sie mir in die Augen. Im selben Moment werden ihre feucht.

„Glauben Sie mir, junger Mann, es war fürchterlich mit ihm. All die Jahre musste man auf ihn Rücksicht nehmen. Er kam immer an erster Stelle. Immer. Ich konnte neben ihm verrecken, zuerst kam er. Was habe ich darunter gelit-ten." Die Tränen rollen durch die Furchen ihrer greisen Wangen.

Nun werde ich unsicher. Soll ich ihre Hand nehmen? Oder es beim mitfühlenden Ausdruck belassen?

Sie reißt ihren Blick von mir los, drückt die Zigarette im Aschenbecher aus, starrt mich dann an und gebietet mit fle-hender Stimme: „Aber davon darf in der Trauerfeier nichts zur Sprache kommen, Sie verstehen doch?"

Ich verstehe, selbstverständlich. Und überlege dann lange, wie ich es sagen kann, ohne es zu sagen.

Drei Tage später stehe ich vor dem Sarg des Selbstsüch-tigen. In seine Biografie lasse ich einfach einfließen: „Er hat es sich und seinen Mitmenschen nicht immer leicht gemacht."

Die Witwe schließt die Augen, ihr entfährt ein leises „Ja!". Und dann wirkt sie wie eine, die nach zähem Kampf den Sieg errungen hat. Sie blickt mich wieder an: Friede leuchtet aus ihr heraus.

Später schreibt sie mir von Hand auf der Dankdrucksa-che: „Das musste wirklich einmal gesagt werden."

Strafrechtlich nicht relevant

Ich pinsele mir gerade mit Rasierschaum den Hals ein, als das Telefon klingelt. Eigentlich ist keine Zeit, in einer Stunde muss ich Agnes Knippenrath beerdigen, eine 91-jährige Kriegerwitwe. In der letzten Zeit wurde sie durch eine Magensonde ernährt; ihr Tod kam einer Erlösung gleich. „Sie wollt' einfach nicht mehr", hat ihre Tochter zusammengefasst.

Die Pflicht siegt (oder ist es die Neugier?), ich gehe zum Apparat. Alfons ist dran. Ich denke, der will bestimmt nur quatschen. Er ist ein netter Kerl. Voriges Jahr hat er sich von seiner Frau getrennt, so was kommt vor. Die Beziehung zu einer neuen Gefährtin zerbrach während der Sommerferien, weil sich Alfons ihrer Meinung nach zu sehr um seine zwei Kinder kümmerte. Vor zwei Monaten hat er wieder jemand kennengelernt: Elke, die allerdings verheiratet ist. Drei Kinder gibt es auch. – „Was sagt ihr Mann dazu?", hatte ich seinerzeit gefragt. – „Sein Problem!", hatte Alfons beschieden. –

„Alfons, sei gegrüßt. Hör mal, ich bin in Eile. Muss gleich zum Friedhof", will ich ihn abservieren.

„Bei mir geht es auch um das Thema." Seine Stimme klingt so fremd, ohne den üblichen lockeren Unterton.

„Was ist los?"

Ganz leise antwortet er: „Elkes Mann hat sich umgebracht."

„Verdammt!" – Nicht niveauvoll meine spontane Reaktion, das gebe ich zu. Wir machen einen Termin für den Nachmittag aus.

Während ich die Kriegerwitwe Agnes Knippenrath bestatte, geht mir Elkes Mann nicht aus dem Sinn. Ich hatte diesen Herrn nie kennengelernt, ja, selbst Elke nur einmal flüchtig gesprochen, während einer Heimfahrt in der Straßenbahn. Dieser Kontrast des gewaltvollen Suizids eines Vierzigjährigen zum Tod einer Greisin wühlt mich auf.

Der sichtlich angeschlagene Alfons kam dann in mein Büro, verstört. Er konnte sich vor Aufregung nicht einmal an den Namen des Verstorbenen erinnern; so sprachen wir fast drei Stunden lang von einem Anonymen, der plötzlich so viel mit Alfons zu tun hatte. Was ursprünglich „sein Problem" hätte sein sollen, war nun eins für Alfons.

Ungezählte Fragen, die Chronologie der Ereignisse, Vermutungen, Rechtfertigungen – alles ging wüst durcheinander. Immer wieder unterbrochen von verzweifeltem Schweigen, Kopfschütteln: „Warum?"

Dass Elkes Mann sich als Verlassener, Betrogener entsetzlich einsam vorgekommen sein musste, war nachvollziehbar. Was ihm widerfahren war, erleben Millionen von Frauen und Männern jeden Tag: der Partner geht fremd, die Ehe steht auf dem Spiel, man ängstigt sich vor der Auflösung aller Koordinaten, die bisher dem Leben Halt gegeben haben. Wie unermesslich musste seine Verzweiflung gewesen sein? Wie rasend seine Wut (einen Menschen zu töten ist schließlich keine Leichtigkeit!)? Wie groß sein Verlangen, die Beziehung von Elke und Alfons zu zerschlagen? Denn dass es für die beiden kaum noch eine gemeinsame Zukunft geben würde, lag auf der Hand. Eine rechtlich relevante Schuld wäre nicht feststellbar. Seitensprünge sind kein Straftatbestand. Aber die moralische Last! Und wenn auch Erwachsene in der Lage sein würden zu differenzieren – Elkes Entscheidung, aus der Beziehung auszubrechen, musste man nicht gutheißen, aber doch respektieren –, so konnte das doch von ihren Kindern nicht erwartet werden. Würden sie nicht eine geheime Verantwortung ihrer eigenen Mutter am Tod des Vaters sehen?

Immer wieder neue Aspekte taten sich auf: Wie konnte der Mann das seinen Kindern antun? Warum sah er keinen anderen Ausweg aus der Krise? Was waren weitere Faktoren für seine blanken Nerven gewesen? War der Trennungswunsch seiner Frau der einzige Grund für die Tat gewesen – oder wenigstens der ausschlaggebende – oder wäre das alles auch ohne Elkes Entschluss geschehen? Kann man noch von einer Kurzschlussreaktion sprechen, wenn einer am Vorabend seines Freitods einen Abschiedsbrief verfasst? Was darin zu lesen war, wusste Alfons nur bruchstückhaft. Die Kriminalpolizei (wegen ungeklärter Todesursache routinemäßig involviert) hatte das Papier mitgenommen. Irgendetwas von ‚Ersatzvater' kam wohl drin vor.

Entthront fühlte sich Elkes Mann anscheinend, verstoßen, weggeworfen wie eine abgerauchte Zigarette. Welchen Anteil er an der Krise seiner Ehe hatte, wer fragte schon danach? – Die Affäre seiner Frau war doch noch ganz frisch, zwei Monate erst. Wer weiß, wie sich alles entwickelt hätte? Aber nun waren Fakten geschaffen, unverrückbare. Kein Gespräch war mehr möglich, keine Verständigung, keine Versöhnung. Was geschehen war, ergab keinen Sinn. Der Tod fragt nicht nach Sinn.

Ehrlich, ich beneidete den Kollegen nicht, der Elkes Mann zu bestatten hatte. Vor Elke, die ja auch ehrlichen Herzens um ihren Mann trauerte, die seinen Tod doch nicht gewünscht hatte, den Verstorbenen und seine Tat ohne Schuldzuweisung zu würdigen, das dürfte keine leichte Aufgabe sein.

Mein Job war, mit Alfons auszuhalten: Nichts konnte man tun. Zwar musste mein Freund dazu stehen, dass er in eine noch bestehende Ehe ‚eingebrochen' war, auch wenn Elke sagte, sie fühle sich ‚frei'. Nur, wie ist das ethisch zu beurteilen? Niemand hatte doch ahnen können, dass sich da einer gleich das Leben nimmt. Das erinnerte doch an einen billigen Spielfilm!

Elke hatte die Liebe ihrer Jugend und den Vater ihrer Kinder verloren. Sie brauchte jetzt viel Zeit. Und sie brauchte jemanden, der ihr bei der Verarbeitung hülfe. Das würde jedoch wahrscheinlich nicht Alfons sein. Sein so stürmisch begonnenes Verhältnis mit Elke war abrupt ausgebremst worden. Ungewiss, wie es weitergehen würde und ob überhaupt.

Agnes Knippenrath hat viel mitgemacht in ihren neun Jahrzehnten. Aber eine solche Tragödie ist ihr erspart geblieben.

Frau Kempfs Mutter

Die Frau, die in meinem Alter ist, eröffnet das Gespräch: „Also, das gleich vorweg: Die letzten zwölf Jahre haben meine Mutter und ich nicht mehr miteinander gesprochen."

Verwirrt sehe ich auf meinen Zettel: Die beiden haben in der gleichen Straße gewohnt.

„Wir sind uns aus dem Weg gegangen. Es hat Streitigkeiten um das Erbe meines Vaters gegeben."

Mich reitet anscheinend der Teufel: „Warum veranlassen Sie dann überhaupt eine Trauerfeier?", frage ich.

Vielleicht würden Nachbarn kommen ... Sie wolle nicht, dass die Leute redeten.

Das Gespräch ist dann mehr als zäh. Nur widerwillig gibt die Tochter ein paar Eckdaten über das Leben ihrer Mutter preis. Die knappe Chronologie endet zwölf Jahre vor deren Tod: als nämlich der Ehemann starb und die Tochter ihr Erbteil einklagte. Nach dem Urteil brach der Kontakt ab.

Meine zaghaften Nachfragen, warum alles so gekommen sei, sind wohl zu vorsichtig; die Frau geht nicht darauf ein. Vielleicht erklärt sie es auch zu gut verpackt, und ich erkenne nicht, was sie eigentlich sagen will?

Nein, mir wird klar: Sie will darüber einfach nicht sprechen. Das ist ihr gutes Recht. Meine Dienstleistung ist hier gewünscht, und die besteht für Frau Kempf, geborene Jablonsky, nicht in therapeutischer Beratung, sondern in einer ordentlichen Bestattung ihrer Mutter. Sie hätte wohl am liebsten, ich würde nicht nur den Leichnam, sondern zugleich die ganze Vergangenheit, diese tragische

Geschichte von Mutter und Tochter, die sich nicht verstanden haben, begraben. Doch das geht nicht.

Ein seltsames Ungleichgewicht erwartet mich auf dem Friedhof: Einem Friedhofswärter, der dem Sarg vorausgeht, dem Bestattungsunternehmer, vier Trägern, einem Organisten und mir, dem Redner, stehen drei Trauergäste gegenüber – die Tochter, deren Mann und eine Nachbarin.

„Wenn das so ist, machen Sie schnell!" Frau Kempf kneift die Augen zusammen, kann aber meinem Blick nur kurz standhalten.

Ich weiß nicht, wen ich hier bestatte: War Frau Jablonsky freundlich, aber falsch? War sie gemein, böse, umgänglich, hinterhältig, nachtragend, aufbrausend? Ich weiß es nicht. Ihre Tochter hat von den positiven Seiten ihrer Mutter nichts preisgegeben, sich aber auch nicht zu Ausführungen über deren Schlechtigkeit hinreißen lassen.

Die Tote, die dort in dem Sarg neben mir liegt, bleibt mir seltsam fremd. Aber es ist eine Tote, der ich eine Art natürlichen Respekt schulde. Sie hat ein langes Leben bewältigt. Darin wird sie Fehler begangen haben. Doch bin ich ihr Richter? Gibt es denn nichts Gutes, an das man sich in dieser Stunde erinnern kann?

Nein, denke ich mir im Stillen, ich mache nicht schnell: Frau Jablonsky bekommt eine vollwertige Trauerrede. Ich gebe zu, ich bemühe mich sogar – was ich sonst nicht tue –, ein wenig auf die Tränendrüsen zu drücken. Mich reizt es, die harten Züge Frau Kempfs aufzubrechen.

Während ich rede, sieht sie auf den Boden. Sie wendet ihren Blick dem Sarg erst zu, als ich zu jenem Satz komme, der zu meinem Ritual gehört: „Vielleicht kann jetzt in der Stille mit der Stimme des Herzens das nachgeholt werden, was versäumt wurde, während ihres Lebens zu sagen." Dann gehen wir zum Grab. Und die Frau kann weinen.

Es ist kein Triumph in mir. Das nicht. Aber ich fühle, dass ich nicht ganz daneben liege, wenn ich meine, dass

Eltern und Kinder sich nach gegenseitigem Verständnis, nach Angenommensein und Liebe sehnen. Wenn das nicht da ist, leiden sie. Für Versöhnung aber ist es nie zu spät.

Ulrich Trontheims größter Tag

„Ulrich stand immer auf der Verliererseite", fasst der Bruder zusammen: „Er verlor seinen Arbeitsplatz, wofür er nichts konnte. Seine Freundin brannte mit einem anderen durch. Und dann diese Herzkrankheit. Er hatte keine Freunde."

Diese Geschichte eines jungen Lebens macht schon traurig; viel mehr noch der frühe Tod des 28-jährigen Ulrich Trontheim. Einsam war sogar sein Sterben in der Uniklinik.

Fast vierzig Leute sind dann doch zum Friedhof gekommen. Der Raum ist festlich mit Blumen und Kerzen geschmückt. In meiner Ansprache gebe ich der Hoffnung Ausdruck, dass auch jene, die hier auf Erden verloren haben, anderswo vielleicht gewinnen. Der Sarg wird unter feierlichen Klängen zum Grab geleitet.

Nie zuvor in seinem Leben stand Ulrich Trontheim so im Mittelpunkt wie heute, am Tag seiner Beerdigung.

Zweidimensionale Erinnerungen

Von außen könnte man denken, man betrete eine Lagerhalle: Das Haus ist ein rechteckiger Kasten, Flachbau, unscheinbar bis hässlich. Innen überrascht den Eintretenden ein unerwartetes Ambiente: Ölgemälde an den Wänden, schwere Polstermöbel in mehreren Sitzgruppen im Salon, Kronleuchter an der Decke; eine Seite des Wohnzimmers wird von einer Bar ausgefüllt, wie man sie sich auch in einem Hotel vorstellen könnte.

„Wir haben unser Leben lang gearbeitet", erklärt Frau Fleckenstein, als wollte sie den neureichen Wohlstand rechtfertigen. „Metallverarbeitung. Nach dem Krieg wurden aus Helmen Siebe gemacht, dann fabrizierten wir Leitungsrohre. Die letzten Jahrzehnte spezialisierte sich die Firma dann ganz auf Einrichtungsteile für Nutzfahrzeuge." (Dass dies übrigens Panzer waren, kapiere ich erst beim Verlassen des Hauses, als mein Blick auf eine in Metall gravierte Danksagung der Bundeswehr fällt.)

Frau Fleckenstein zählt mit ihren 67 Jahren nicht mehr zu den Jüngsten, dennoch ist sie fast zwanzig Jahre jünger, als ihr Ehemann Friedrich wurde. Von der kinderlos gebliebenen Ehe gibt es anscheinend nicht viel zu erzählen; Urlaube werden erwähnt, vor allem aber das geschäftliche Vorankommen. Dann zeigt mir die Witwe Fotos von ihrem Mann.

Friedrich Fleckenstein an seinem 75. Geburtstag: Ein strahlender alter Herr in Feierlaune.

Friedrich Fleckenstein während einer Italienreise: Schon von Krankheit gezeichnet; müde wirkend.

Friedrich Fleckenstein in der Klinik: Der Krebs machte eine normale Lebensführung bereits unmöglich.

Das letzte Bild des kleinen Stapels, ein Polaroid-Foto, zeigt Friedrich Fleckenstein – tot. „Da war mein Mann gerade gestorben", kommentiert die Dame. Der Mund des Toten hängt schief offen. – Warum legte sie so viel Wert darauf, diesen Augenblick zu dokumentieren?

Auf dem Friedhof erwartet mich drei Tage später beim Hintereingang ein Fotograf. Er sei beauftragt, Trauerfeier und Beisetzung abzulichten, sagt er.

„Das ist aber ungewöhnlich", teile ich meine Empfindungen mit.

Keineswegs, erklärt der Mann. Jede Woche habe er einen solchen Termin, manche wünschten sogar eine Videoaufnahme.

Ein Video vom Ablassen des Sarges? Ich schüttle den Kopf.

Während meiner Ansprache in der Kapelle verhält sich der Fotograf diskret; ein Profi eben. Als ich aber meinen Schlusssatz spreche: „Geleiten wir Friedrich Fleckenstein auf seinem letzten irdischen Weg; einem Weg, auf dem er uns vorausgegangen ist und der uns allen noch bevorsteht" – da springt die Witwe in der ersten Reihe auf. Sie stellt sich mitten vor den Sarg, die hereinkommenden Träger verharren verwirrt, Frau Fleckenstein nimmt den Apparat aus der Handtasche und schießt blitzend ein Sofortbild.

Vielleicht ist es ihre Art, mit dieser Situation umzugehen. Was sie allerdings mit den Fotos anstellen mag, bleibt mir fremd. *Mein* Problem.

Mögen Engel dich geleiten

Nennen wir das Baby der Immigranten einfach ‚Bambino'.

Das junge Paar war erst vor kurzem nach Deutschland eingewandert; woher, das spielt keine Rolle, die Gründe ebensowenig. Noch kannten sich die beiden schlecht aus, beherrschten kaum die Sprache ihrer neuen Heimat.

Die Frau kam schwanger in unser Land und gebar ein Mädchen. Das Kind starb am dritten Tag. Warum das geschah, weiß ich nicht mehr; ich meine, der rätselhafte ‚plötzliche Kindstod' sei die Ursache gewesen (wobei das im eigentlichen Sinne ja keine Ursache ist, sondern nur das Etikett für ein unerklärliches Phänomen).

Das Paar gehörte einer großen Kirche an; welcher, auch das ist unerheblich, denn was sich ereignete, hätte wahrscheinlich mit jeder anderen genauso geschehen können. Weil nämlich der Säugling noch nicht getauft war, verweigerte der zuständige Geistliche die kirchliche Beerdigung.

Darüber entrüstete sich ein mir bekannter Bestattungsunternehmer: „Ist das christlich?", ereiferte er sich. „Können Sie das verstehen?"

Nein, ich konnte es nicht verstehen.

Einen anderen Geistlichen konnte man nicht finden, weil diese Kirche in Deutschland nicht so verbreitet ist.

„Würden Sie das denn übernehmen? Die Beisetzung wäre morgen früh um acht. Und noch was: Die jungen Leute gehören nicht zu den gut Betuchten." Was heißen sollte: Es würde kein Honorar geben.

Das war nun kein Auftrag, der einen aufjubeln lässt – kurzfristig und ohne Lohn. Aber nicht einen Augenblick lang zögerte ich mit der Zusage, das kleine, so früh verstorbene Menschlein würdig zu bestatten.

Ich versetzte mich in die schwierige Lage der Eltern, für die in unserem Land noch alles neu und ungewohnt war. Wie würde es mir in Portugal, Schweden oder Griechenland ergehen? Dazu dann dieser schmerzliche Verlust: Neun Monate lang wird das Kind erwartet, sein Werden in die Welt hinein begleitet, die Geburt verläuft noch glücklich. Aber der Tod, launisch und unberechenbar, holt sich das frische Leben flugs wieder zurück. Entsetzlich!

Wenn ich mich erinnere, wie das war, als meine Tochter geboren worden war – wie fühlte ich mich! Wie ich stolz war: Mein Kind! Wie genoss ich den Anblick des Winzlings, die Berührungen, jeden verschlafenen Blick der neuen Erdenbürgerin. Auch eine Art Immigrantin in unsere Welt ...

Dieses Paar verlor sein Kind, noch bevor es sich daran gewöhnen konnte, fortan eine Familie zu sein. Aber ‚Bambino' war da gewesen und musste nun verabschiedet werden. Für das Kind wollte ich beten, aus den wunderbaren alten Sterbegebeten der Kirche zitieren: „Zum Paradies mögen Engel dich geleiten, die heiligen Märtyrer dich begrüßen und dich führen in die heilige Stadt Jerusalem. Die Chöre der Engel mögen dich empfangen, und durch Christus, der für dich gestorben, soll ewiges Leben dich erfreuen."

Ich wollte trösten mit dem Glauben an die Auferstehung, an ein Leben im Reich Gottes, wo es einst ein Wiedersehen geben wird beim ewigen Hochzeitsmahl. Vom Weg durch das dunkle Tal der Trauer wollte ich sprechen; man muss hindurchschreiten, das bleibt einem nicht erspart. Aber dahinter wartet das Licht, das Leben. – Das klingt alles so bildreich und blumig, ich weiß, letztlich bleibt doch nur das Schweigen im Angesicht des Todes.

Am Abend vor der Beerdigung rief der Bestatter noch einmal an: „Kommando zurück. Der Pfarrer kommt doch."

Die wohl beste Lösung für das junge Paar in der Fremde: vertraute Rituale, Gebete und Gesänge würden die frommen Eltern aufzurichten vermögen. Die altbekannten Symbole würden ausdrücken, was meine Worte nicht zu sagen vermocht hätten. Ich freute mich, dass die Nächstenliebe über die Gesetzestreue triumphierte.

Ein paar Tage später hatte ich wieder einen Auftrag beim gleichen Bestatter. Wir trafen uns zu einer Urnenbeisetzung auf dem Friedhof.

„Und, wie ist es letzte Woche gegangen mit dem ‚Bambino'?", fragte ich beiläufig.

Das Lächeln auf dem Gesicht des erfahrenen Geschäftsmannes erstarb. „Der Geistliche hat uns versetzt!", antwortete er kalt. „Er ist einfach nicht gekommen. Trostlos war das." Seine Stimme bebte vor Verachtung. Er schüttelte den Kopf und wandte sich einer Kranzschleife zu, die er glattstrich, damit ich nicht sähe, dass sich dieser alte Hase immer noch so anrühren lässt.

III. Die Zeit des Abschieds ist nicht die Zeit des Verstehens

Über den Tod sprechen ist eine der vernünftigsten Arten, über den Sinn des Lebens zu sprechen.

ANDRÉ MALRAUX

Eigentümliche Faszination

Er gehört zu den wenigen Filmen, die ich mir mehrmals angesehen habe: „Harold and Maude". Ein schräger amerikanischer Streifen aus den siebziger Jahren, der nach seinen beiden Helden benannt ist. Harold, ein erwachsener Jugendlicher aus wohlhabendem Hause, versucht, der stumpfen Sattheit seiner Existenz zu entfliehen, indem er Selbsttötungen inszeniert. Mal erhängt er sich bei klassischer Musik im Salon, mal ertränkt er sich im Swimmingpool; er täuscht vor, sich mit einem riesigen Beil am Kaffeetisch eine Hand abzuhacken oder vor dem offenen Kamin Harakiri zu begehen. – Schwarzer Humor an der Grenze des Erträglichen.

Dieser liebenswürdige, aber lebensunfähige Taugenichts trifft auf Maude, eine ziemlich verrückte alte Dame. Sie stiehlt Autos, rettet darbende Bäumchen am Straßenrand und wohnt in einem ausrangierten Eisenbahnwaggon, der mit lauter interessantem Plunder gefüllt ist (eine Musikinstrumentensammlung gehört ebenso dazu wie eine Duftmaschine, die mittels verschiedener Patronen Gerüche erzeugen kann).

Harold und Maude verbindet eine nekrophile Neigung: Sie lieben das Tote, lernen sich folglich auf einer Beerdigung kennen (bei der beide den Verstorbenen nicht gekannt haben). Die zwei verlieben sich ineinander, erleben eine kurze, aber intensive Zeit zusammen. Die lebenslustige Alte vertreibt die Melancholie des Jungen, der in ihrer Gegenwart aufblüht. An ihrem achtzigsten Geburtstag (Harold hat ihr gerade einen Heiratsantrag gemacht) tut Maude das, was Harold immer nur spielte: Sie nimmt sich das Leben.

„Harold and Maude", ein Film über die großen Themen des Lebens: die Liebe und den Tod. Seine Botschaft stellt das populäre Wissen über den Suizid auf den Kopf. Bei Maude war es kein verzweifelter Hilferuf. Sie hat nicht als unheilbar Kranke, sondern mitten aus dem in vollen Zügen genossenen Dasein heraus entschieden: „Es ist genug."

Aber kann über diese Geschichte lächeln, wer mit dem Freitod als Tat der Ausweglosigkeit konfrontiert wurde? Ich denke an einen Jungen aus meiner Heimatstadt, der als Auszubildender aus dem Hochhaus seiner Bank sprang. Oder die junge Nachbarstochter einer Freundin; ihre Magersucht schien überwunden, da nahm sie sich das Leben. Die Mutter einer Bekannten wurde auf dem Pfarrfest vermisst; zu Hause hing sie im Treppenhaus am Seil herab. – Da gibt es nichts zu lächeln. Da war der Suizid keine Drohgebärde. Die haben es einfach gemacht. Warum? – Wer könnte das erklären.

Mir fallen auch jene ein, die ernsthaft mit dem Gedanken spielten, weil sie die Hoffnung aufgegeben hatten, dass sich ihre Probleme auch anders lösen ließen. Klaus hatte im Wald schon den geeigneten Baum ausgemacht, als ihn seine Frau fand. Er glaubte, den Konkurs seiner Firma nicht verkraften zu können. Schulden hat die Familie bis heute – aber Klaus spielt in einer Blues-Band und meistert sein Leben. – Johannes hielt den Wagen mit Tempo 180 auf den Betonpfeiler zu; ohne seine Frau, die ihn verlassen hatte, wollte er nicht leben. Im letzten Augenblick riss er das Steuer herum. Heute ist sein Leben immer noch nicht unkompliziert, aber er will mit niemandem tauschen.

Auch ich bin fasziniert vom Suizid: Ich kann selbst entscheiden, wann ich gehe. Allerdings ist von diesem Recht nur ein einziges Mal Gebrauch zu machen. Außerdem muss man nicht jedes Recht, das man verteidigt, auch selbst in Anspruch nehmen. Mein Lieblingsphilosoph zum Beispiel, der Rumäne Emile Cioran, schrieb mit 22 Jahren ein Buch mit dem vielsagenden Titel: „Auf den Gipfeln der Verzweiflung". In diesem Werk, wie in seinen vielen anderen (mit programmatischen Titeln wie „Vom Nachteil, geboren zu sein" oder „Die verfehlte Schöpfung"), rechtfertigt er immer wieder den Freitod: Man solle den Kindern schon in der Schule beibringen, dass sie das Recht besäßen, sich umzubringen. Gestorben ist der Mann dann im Alter von 84 Jahren; der Totenschein eines Pariser Arztes erwähnt ganz natürliche Todesursachen.

Ohne Frage, der düstere Emile Cioran mit seiner leidenschaftlichen Verachtung der Welt muss auch an ihr gehangen haben. Nur der Tango und die Musik von Johann Sebastian Bach ließen ihn dann und wann den Gedanken zulassen, die Welt sei nicht ganz missraten. Ansonsten beklagte er geradezu litaneiisch seinen Abscheu vor dem Lebenmüssen. Der Tod galt ihm ein erstrebenswertes Ziel. – Und warum tötete er sich dann nicht? Muss man denn leben? Wer zwingt einen dazu? Wie wir einem, der immer (ohne sich der ernsthaften Bedeutung im Klaren zu sein) Selbstmord ankündigt, um Aufmerksamkeit auf sich zu ziehen, irgendwann raten, er solle es endlich tun; wie wir so einen auffordern wollen, uns mit gespielter Tragik in Frieden zu lassen, möchten wir Cioran fragen: Wie konntest du sechzig Jahre lang (!) derlei Gedanken hin und her wälzen und dann doch so unspektakulär abtreten?

Cioran gibt selbst Antwort auf diese Frage. Ohne freilich die letzten Momente bereits erfahren zu haben, schrieb er einmal vorausschauend: „Jahre hindurch, tatsächlich ein Leben lang nur an die letzten Augenblicke gedacht haben, um, wenn sie dann endlich da sind, festzustellen, dass das unnötig war, dass der Gedanke an den Tod zu allem hilft, nur nicht zum Sterben." – Diese Ehrlichkeit macht Cioran human, mir so sympathisch.

Ich erkenne darin eine Wahrheit: Was mir der Tod anderer zu meinem eigenen hilft, kann ich heute nicht sagen.

Quälende Fragen

Fragen! Es bleiben so viele Fragen. Manches kann man erklären. Das meiste bleibt diffus, ungreifbar. Wir müssen mit offenen Fragen zu leben lernen.

Jan Prager stellte sich viele Fragen. Warum es arm und reich gibt auf der Welt. Und warum er – im globalen Maßstab gesehen – zu den Reichen gehörte. Er hatte ein Dach über dem Kopf und zu essen; welcher Luxus, wenn man die Armut in vielen Ländern der Erde bedenkt. – Oder, warum die Menschen trotz besseren Wissens die Natur zerstören. Jedem Autofahrer ist letztlich klar, dass er die Lebensgrundlagen der nachfolgenden Generation belastet. Aber alle tun es.

Jan Prager stellte sich diese Fragen nicht aus intellektueller Allüre, für ihn waren sie existentiell. Seine Antwort: radikal.

„Wer glaubt, alles Leid der Welt auf seinen Schultern tragen zu müssen, verliert das Geschick zum Glücklichsein und kann nicht überleben", formulierte sein Bruder. Jan Prager litt mit den Opfern in Afghanistan, sorgte sich um die Straßenkinder in Russland, vergoss Tränen über den Krieg in Bosnien, war erschüttert vom Drama in Tschetschenien.

Widersprüche: asketischer Lebensstil, was Konsum und Genuss anging, und Verachtung für jene, die nicht genauso lebten. Andererseits Sehnsucht nach Leben, nach Erlebnis. Ein Heimatloser auf der Erde.

Auf ihr aber war Jan Prager mit seiner Frau unterwegs, in jeder Hinsicht. Bevor die Kinder kamen, hatte das Paar die großen, weiten Reisen gemacht: mit dem Motorrad von Köln nach Kapstadt; mit dem Fahrrad nach Spanien, durch die Vereinigten Staaten, am Rande der Wüste entlang, einmal bis nach Indien. Jede Tour wie eine Flucht. Jeder Genuss mit quälenden Strapazen bezahlt. Wie Strafen seien die Touren gewesen, erinnert sich die junge Witwe. Und doch: „Unterwegs war er bei sich selbst." Wovor aber lief er weg?

Gerne spielte er Fußball; war Jugendwart im Club des Stadtteils. Noch am Abend ließ er sich von den Sportskameraden an der Theke feiern; ein Pils auf Jan, dessen Jungs gewonnen hatten.

Warum dann dieser selbst gewählte Tod? Und warum nahm Jan Prager in Kauf, dass seine neunjährige Tochter am Sonntagmorgen die hängende Leiche finden würde?

Die Neunjährige ist übrigens die Älteste der Geschwister: sechs Jahre alt die kleine Schwester, das jüngste Brüderchen erst achtzehn Monate; dieser Sohn wird keine eigene Erinnerung an seinen Vater haben.

Jan Prager hat von einem grundlegenden Recht des Menschen Gebrauch gemacht: nämlich selbst souverän zu bestimmen, wie lange er Mensch ist. Aber war er in seiner Entscheidung frei? Ein Gesprächstermin mit einem Psychiater hatte verschoben werden müssen. Hätte er helfen können? War absehbar, wie nah Jan Prager schon dem Tod, wie fern er schon seinem eigenen Leben war?

Fragen, nichts als Fragen. Ich habe keine Antworten anzubieten, als ich in der Friedhofskapelle vor fast hundert Trauernden spreche: die Familien, die alten Freunde, die Jungens aus dem Fußballclub mit ihren Müttern und Vätern. Keine Antworten, nur die Ermutigung, gemeinsam das Unverstehbare auszuhalten. Und das Bekenntnis zum Glauben an eine Welt, wo alle aufgenommen werden, die sich auf dieser Welt nicht heimisch fühlen können.

Einem Erdbeben gleich

Als ich am Aschermittwoch wieder ins Büro komme, finde ich eine Nachricht auf dem Anrufbeantworter: Ein Bestatter fragt an, ob ich zwei Tage später eine Trauerfeier übernehmen könne. Ich rufe zurück und erhalte den Namen: „Jochen Brandowski; der ist am Rosenmontag gestorben."

Rosenmontag – im Rheinland Höhepunkt des karnevalistischen Treibens. Sofort male ich mir die Story aus: Da hat einer gefeiert bis zum Umfallen, sich totgesoffen.

Am Nachmittag werde ich in einem überfüllten Wohnzimmer zum Vorgespräch erwartet: Die Ehefrau des Verstorbenen ist Mitte zwanzig. Es gibt ein Kleinkind, das gerade laufen kann, und ein Baby, erst ein paar Wochen alt. Die Eltern des Toten sind da und die Eltern der jungen Witwe; eine alte Großmutter im Rollstuhl, außerdem Geschwister. Alle stehen unter Schock.

Nun erfahre ich die wahre Geschichte, die mit meinem Klischee nichts gemeinsam hat. Alle Anwesenden erzählen etwas, jeder fügt ein Detail hinzu: Der junge Mann, gerade einmal 31 Jahre alt, hatte am Rosenmontag frei. So konnte man etwas länger im Bett bleiben, obwohl die kleinen Kinder das Paar längst geweckt hatten. Der Mann klagte über Schmerzen in der Herzgegend. Das war eigenartig, denn nie zuvor hatte es bei ihm Probleme mit dem Herzen gegeben. Er hatte nichts getrunken, war Nichtraucher gewesen.

Die Frau stand auf, machte Frühstück. Der Mann sollte noch ein wenig liegen bleiben und sich ausruhen. Vielleicht würden die Schmerzen ja verschwinden. Aber sie wurden stärker, immer schlimmer, endlich so unerträglich, dass Jochen noch selbst seine Frau bat, einen Notarzt zu rufen. Der kam schnell, agierte hektisch. An seiner Aufregung konnte die Frau ahnen, wie ernst es anscheinend war. Der Notarzt schickte die Frau vor die Schlafzimmertür. Jochen Brandowski war bereits tot.

Fast eine Stunde lang bemühte sich der Arzt noch, zu reanimieren, wollte nicht wahrhaben, dass dieser junge Mann nicht mehr lebte. Man brachte ihn sogar noch in die Uniklinik, mit Blaulicht und Martinshorn. Dabei war ihm schon nicht mehr zu helfen. Vielleicht wollte das der Retter nicht eingestehen; er wollte tun, was er konnte, er hätte so gern mehr getan, als er konnte. Für ihn war es der erste Fall an diesem Tag gewesen, der in der Regel viele Einsätze fordert.

Der Lebensfaden Jochen Brandowskis – abgeschnitten. Einfach so. Ohne Vorwarnung.

Dass es jeden jederzeit treffen kann, das ist eine richtige, aber akademische Erkenntnis. Hier ist diese Weisheit Wirklichkeit geworden, grausame Wirklichkeit. Einfach weg, dieser Mann. Herausgerissen aus der Mitte des Lebens. Weggeschleudert aus seiner Familie. Gestern hat er noch mit den Kindern gespielt. In der Nacht noch bei seiner Frau gelegen. Heute wollte man zum Rosenmontagszug, fröhlich sein, ‚Kamelle' sammeln. Das wird nie mehr sein.

Warum? Das fragt hier niemand.

Eine große Menschenmenge findet sich auf dem Friedhof ein. Die Kollegen – allesamt Heizungsinstallateure – tragen betreten den Sarg. Die junge Witwe kreischt, schreit ihre Trauer wild und hemmungslos heraus, sinkt dann wieder wimmernd in sich zusammen: „Jochen! Jochen!" Die Eltern des Toten gehen gebückt, in sich zusammengefallen, trauern leise. Aus den Augen rollen Tränen. Die Kinder – im Liege- und im Sportwagen geschoben – schlafen.

Ich fühle mich elend. Das aufwallende Schreien der Frau tut weh, auch wenn ich weiß, das es gut ist, die Trauer rauszulassen. Sie überlegt nicht lange, welche Figur sie hier abgibt, sie lässt ihren Gefühlen freien Lauf. Sie traut sich zu trauern, trauert im wahrsten Sinne schamlos. Sie lässt zu, was wir alle empfinden; wir aber sind zu verkrampft, es zuzulassen. Ihre unbeherrschte, heftige Verzweiflung ist da, kann nicht unterdrückt werden, wieso sollte sie auch: Hier auf dem Friedhof wird sie artikuliert, die Auflehnung gegen das Unfassbare. Worte gibt es keine dafür. Die junge Frau Brandowski wehrt sich gegen die sogenannte Natürlichkeit des Todes, stemmt sich gegen die angebliche Ordnung des Lebens, die die gepflegten Grabreihen vorzugeben scheinen: Jeden trifft es halt einmal. Ihr Aufschrei gegen die Stumpfheit der Resignierten, die sich mit der Endlichkeit abgefunden haben und nur noch ihres Todes harren, verhallt.

Ja, ich fühle mich elend. Mein Mund ist trocken, ich muss erst tief atmen, bevor ich sprechen kann. Die Kinder! Sie werden keine eigene Erinnerung an ihren Vater haben ... Warum? Das zu fragen, scheint mir so sinnlos. Das zu fragen, lohnt doch nur, wenn da ein Gott wäre, der Antwort geben könnte. Aber heute ist der Himmel leer. Mich fröstelt.

Wochen später ruft Frau Brandowski bei mir an. Wir unterhalten uns lange. Alle würden sich liebevoll um sie kümmern. Das ist gut. Und einen Mann habe sie kennengelernt, in ihrem Alter: Dem war das gleiche passiert wie ihr; seine Frau ist bei einem Verkehrsunfall ums Leben gekommen. Mit zwei Kindern blieb er zurück. Aus der Todesanzeige in der Zeitung hat er vom Schicksal der Familie Brandowski erfahren. Dann hat er sich mal gemeldet, zum Erfahrungsaustausch. Ein paar Mal haben sie sich schon getroffen.

Ich weiß nicht, was aus den beiden geworden ist. Ich wünsche, sie könnten dem Leben eine Chance geben.

Simone will mehr

Frau Schmelzer hat sie gefunden, ihre Stieftochter Simone. Daneben deren Freundin Maria. Die toten Körper der beiden zwanzigjährigen Frauen waren schon kalt. „Sie hingen im Treppenhaus an groben Seilen von der Decke herab und lächelten irgendwie glücklich", erinnert sich Frau Schmelzer. (Ob dieser wahrgenommene Gesichtsausdruck der Toten nicht vielmehr ihrem Wunschdenken entspricht, sei dahingestellt.) Während ihr Mann noch das Auto in die Garage fuhr, schloss sie schon die Tür auf, und da fand sie das Paar.

Dass Simone und Maria lesbisch waren und sich liebten, das wussten eigentlich alle. Der Vater und seine zweite Ehefrau, bei denen Simone lebte, hatten daran nichts auszusetzen und befanden, „das Mädchen sei ja erwachsen gewesen". Marias Familie habe wohl nicht Bescheid gewusst oder nichts wissen wollen.

Eine Verzweiflungstat? Sie muss auf jeden Fall von langer Hand geplant worden sein.

„Wir haben die Tagebücher gelesen", erklärt der Vater. Daraus gehe hervor, dass die beiden in einer eigenen Welt lebten: Sie sprachen sich gegenseitig mit anderen (englischen) Namen an, bewegten sich in Science-Fiction-Galaxien. Sie litten schmerzlich unter der Trennung ihrer Seelen, die im Körper gefangen seien und nur durch den Tod befreit werden könnten, um dann zu verschmelzen. In einem amerikanischen Popstar würden dann beide wiedergeboren ...

Ich höre aufmerksam zu, aber diese abstruse Philosophie erschließt sich mir nicht. Dass Seelen miteinander verschmelzen, dieses lyrische Bild kann ich noch nachvollziehen. Auch die Vorstellung der Wiedergeburt ist mir bekannt. Wie aber soll man in jemandem wiedergeboren werden, den es bereits gibt? Und auch noch beide auf einmal? – Egal, ich muss ja nicht verstehen, ich soll eine Trauerrede halten, das heißt: das Unverstehbare handhabbar machen.

Über die gedanklichen Hintergründe der Tat möge ich Stillschweigen bewahren, bittet der Vater. Natürlich werde ich das tun. Ich kann nur festhalten: Dieser mir unverständliche Anreiz, aus dem Leben zu scheiden, um etwas vermeintlich Besseres ergreifen zu können, hat zumindest Simone den Abschied leicht gemacht.

Für alle anderen ist er nicht leicht. Als ich wieder zu Hause bin, ruft mich Simones Mutter an, Frau Berghausen. Entsetzt ist sie über den Suizid ihrer Tochter, aber nicht wirklich überrascht. Anscheinend war der jungen Frau alles zuzutrauen, auch das. Medizin studierte sie, musikalisch begabt war sie, belesen und ehrgeizig. Und unberechenbar. Jetzt werde ihr alles klar, so die Mutter. – Und dann will sie noch wissen, was die neue Frau ihres geschiedenen Mannes gesagt habe. Ob sie sich wieder eingemischt und aufgespielt habe? Ich blocke sanft ab, will mich nicht zwischen die Fronten zerren lassen.

Eigenartigerweise beschäftigt mich beim Formulieren meiner Ansprache der Zwist zwischen Simones leiblicher Mutter und ihrer „Stiefmutter" mehr als die Tatsache, dass hier ein so junger Mensch aus freien Stücken aus diesem Leben geschieden ist. Vielleicht tröstet mich der Versuch, die Sache mit *ihren* Augen zu sehen: Sie ging ihren Weg, ihrem Ziel zugewandt und nicht an die anderen denkend, und dieser Weg führte in eine Welt, für die unser Heimatplanet Erde zu klein ist. Wenn man den Aufzeichnungen ihres Tagebuches glauben darf (und das darf man wohl), dann ging sie ohne Angst und aus freien Stücken.

Wer aber in ihrem Gedankenuniversum nicht zu Hause war, der wird von Fragen und Selbstanklagen umgetrieben. Warum, immer wieder warum? Meine Worte – es gebe kein passendes Alter für den Tod; wann jemand dafür „reif" sei, hänge gar nicht von der Anzahl der Jahre ab – solche Worte verpuffen als Rhetorik. Wie würde ich damit die verwaisten Eltern trösten können?

Was ich vorausgesehen habe, passiert auf dem Friedhof. Die Verzweiflung droht Eltern und Freunde vor dem offenen Grab zu überwältigen, aber alle haben sich an diesem eiskalten Tag im Januar so stark in der Gewalt, dass keine einzige Träne fließt. Die Absurdität von Simones Tod wird nur noch greifbarer. Auflehnung und Niedergeschlagenheit verwirren die Anwesenden; die Szene scheint unwirklich. Der dumpfe Aufprall des gefrorenen Erdklumpens, den ich von der Schaufel abschlagen muss, klingt auf dem Sargdeckel grausam unpassend.

Wenn man am meisten fühlt, weiß man am wenigsten zu sagen. Dieser Morgen war nicht die Stunde des Abschiednehmens. Das müssen die Angehörigen nachholen, solange sie da sind: Simone wollte dieses Leben nicht mehr leben, sie müssen weiterleben. Das zu akzeptieren, braucht Zeit. Dieser Morgen war kaum mehr als die Versenkung eines Leichnams.

Ich bin froh, als es vorbei ist. Mit den Eheleuten Schmelzer verlasse ich den Friedhof. Frau Schmelzer bricht das Schweigen: „Die Frau Berghausen ist in Ihrer Rede aber viel zu gut weggekommen."

Tief durchatmen, denke ich mir und spüre Wut auf diese Frau aufsteigen. Gerade will ich ansetzen zu antworten, etwa, dass Trauerfeiern keine Gerichtsverhandlungen seien, da ruft Herr Schmelzer seine Gattin dezent, aber bestimmt zur Ordnung: „Lass jetzt gut sein!"

So traurig dieses Begräbnis war, es war ehrlich in seiner hilflosen Trostlosigkeit. Simones Geliebte Maria wird am gleichen Tag in der Nachbarstadt beerdigt: mit katholischen Exequien. Offiziell erlag sie den Folgen eines Unfalls.

Rettungsringe im Meer der Trauer

Ausschließlich dem Beruf eines Trauerredners nachzugehen, stelle ich mir ziemlich anstrengend vor. Mit meinem – im Schnitt – vierzehntäglichen Dienst auf dem Friedhof bleibt mir genügend Muße und Zeit, diese Schicksale „aufzuarbeiten". Einige davon begleiten, ja verfolgen mich. Mit ihnen muss ich im guten Sinn „fertig" werden. Müsste ich aber drei Mal in der Woche einen Toten verabschieden, wie meine Kolleginnen und Kollegen, die von diesem Beruf leben, so würde ich mich wahrscheinlich überfordert fühlen oder auch „abschalten".

Auch wenn ich den Geschichten der Verstorbenen und deren Angehörigen immer noch eine Zeit lang nachhänge, verblassen die meisten. Mir ist längst nicht mehr jedes

Schicksal präsent. Schaue ich die gesammelten Trauerreden durch, so stoße ich auf Namen, die keinerlei Erinnerung in mir wachrufen. Einerseits betrübt mich das; ich meine, eine so intensive Begegnung müsste ihre Spuren hinterlassen. Andererseits weiß ich, dass es allen Profis in Helferberufen so ergeht. Die Spannung zwischen Nähe und Distanz zu den „Fällen" muss austariert werden. Die Abschiedsbegleitung ist mehr als irgendein Job. Wir betreiben kein Umzugsunternehmen. Ich nehme aufrichtig Anteil an der Trauer der Menschen. Und doch ist es nicht *mein* Vater, *meine* Frau, *mein* Sohn, den ich da beerdige. Das könnte ich auch nicht, denn „das Wort, das dir hilft, kannst du dir nicht selber sagen", heißt es treffend.

Ich habe eine kleine Statistik „meiner" Toten geführt. Sechs zu vier ist der Anteil der Männer gegenüber den Frauen. Die meisten sterben zwischen 65 und 80 Jahren, was der durchschnittlichen Lebenserwartung entspricht und nicht überrascht. Ein Viertel ist immerhin über 81 geworden. An diejenigen, die bis zum 50. Lebensjahr gestorben sind, erinnere ich mich besser: Menschen, aus dem Leben herausgerissen, Familie zurücklassend. Einen solch frühen Tod empfinden wir als unnatürlich. Dabei kommt es mir manchmal so vor, als wäre manches Greisenalter noch unnatürlicher, im Sinne von: nicht der Natur entsprechend. Hochleistungsmedizin verlängert oft das Funktionieren des Körpers. Ein Leben wird aber durch die Dauer allein noch nicht besser.

Herzversagen und Krebsleiden sind die Spitzenreiter der Todesursachen; Altersschwäche, Unfälle, Leberversagen und Selbsttötungen folgen. Ich habe keine Vergleiche zu anderen Zahlen, gehe aber davon aus, dass jene, die von mir beerdigt werden, nicht aus gravierend anderen Ursachen gestorben sind als solche, die ein Pfarrer zu Grabe geleitet.

Blättere ich in meinen Redemanuskripten, so bin ich selbst überrascht. Hier habe ich ja einmal auf Französisch einen Liedtext zitiert; einem Mann, der als Soldat während des Krieges nach Frankreich gekommen war und das Land liebte bis zu seinem Tod. Und einem Hobbyarchäologen sprach ich ein paar hebräische Verse aus dem Kaddisch. Auf Englisch sollte ich die schottische Verwandtschaft einer Dame an der Feier teilhaben lassen; ich erkenne an meinen Bleistiftanmerkungen, dass ich mich auf diese Ansprache intensiver vorbereitet haben muss als sonst.

Und wen ich alles zitiert habe! Octavio Paz, den mexikanischen Dichter, und häufig Hermann Hesses „Stufen". Das passt wirklich: „Wohlan denn, Herz, nimm Abschied und gesunde!" Aber auch die Lyrik meines Freundes, des griechischen Schriftstellers Giorgos Krommidas, habe ich vorgetragen; ebenso den berühmteren Rainer Maria Rilke mit seinen wunderbaren Zeilen: „Ich lebe mein Leben in wachsenden Ringen, die sich über die Dinge ziehn ...". Irische Segenssprüche finde ich oder lateinische Weisheiten. Einmal habe ich handschriftlich noch die Strophen von „Freude, schöner Götterfunken" an den Rand gekritzelt; wie ich lese, war dies das Lieblingslied der Verstorbenen.

Gerne arbeitete ich die Sprüche aus der Todesanzeige ein, meist als eine Art Kehrvers zu Beginn und am Ende der Feier. So wird ein Bogen von der Todesnachricht bis zur tatsächlichen Verabschiedung gespannt. Wertvoll und jeweils an exponierter Stelle vorgetragen sind stets eigene Beiträge der Hinterbliebenen. Es kam vor, dass sie selbst sprechen wollten, doch während der Feier den Mut und die Nerven verloren; ich durfte dann ihre Worte vorlesen, die viel persönlicher sein können als meine.

Wenn nicht ausdrücklich jeder religiöse Bezug abgelehnt wird, so lese ich gern aus dem Bestseller der Weltliteratur vor – aus der Bibel. Besonders schätze ich Kohelet (den Prediger Salomonis, wie die Protestanten sagen). Diesen Existenzphilosophen aus dem Alten Testament kann man mit seiner Erkenntnis „Alles hat seine Zeit" auch Atheisten zumuten, ohne unwahrhaftig zu sein. – Die Klagepsalmen haben mir mit ihrer poetischen Kraft schon Worte geliehen, wo ich nichts zu sagen wusste; auch Propheten wie Jesaja, die das Heil verkünden, selbst wenn davon jede Ahnung fehlt. Wo bei den Zurückbleibenden christliche Anknüpfungspunkte gegeben sind, kann Paulus trösten. Und je tragischer ein Schicksal, desto hoffnungsvoller der Ausblick der Offenbarung des Johannes: Einmal werden keine Tränen mehr sein, keine Qual, kein Tod.

Schwere Aktenordner voll Papier. Alles Versuche, mit Worten zu helfen. Dabei wäre manchmal Schweigen angesagt, manchmal einfach eine Umarmung. Meine Ansprachen nutzen den Toten nichts; möglicherweise nimmt aber jemand aus der Trauergesellschaft einen Satz mit, der ihm wertvoll ist. Vielleicht kann das eine oder andere, was ich sage, den Angehörigen zu einem Rettungsring werden, mit dessen Hilfe sie den Ozean der Trauer überstehen können.

Am stark welligen Papier im Ordner erkenne ich, dass es während dieser oder jener Beerdigung geregnet hat. Manchmal sind nur einzelne Stellen des Manuskripts uneben; das waren dann wahrscheinlich meine eigenen Tränen.

Es geschah unter meinem Fenster

Freitagnachmittag: Der Feierabendverkehr noch hektischer als sonst.

Auch ich schob mich mit dem Auto durch den mühsam sickernden Stau, war unterwegs zu meinem Büro, das ich schon sehen konnte. Es befand sich im ersten Stock eines Mehrfamilienhauses, das an einer vielbefahrenen Kreuzung liegt. Nun stand die Kolonne still, ich konnte aber noch fix abbiegen und einen Umweg nutzen: eine längere Strecke zwar, dafür aber kürzere Zeit zu meinem Ziel.

Dort angekommen, begriff ich schnell, warum der Stau

entstanden war: Mitten auf der Kreuzung unter meinem Fenster hatte sich eben gerade ein Unfall ereignet. Den Hergang erahnte ich bloß: Ein Linksabbieger und ein Motorradfahrer waren kollidiert. Der Rettungswagen kam in dem Augenblick an, als ich auf den Balkon ging, um das Geschehen besser beobachten zu können. Die Sanitäter stiegen hastig aus, einer mit einem Koffer in der Hand, der andere riss hinten die Flügeltüren des Fahrzeugs auf. Beide beugten sich über den am Boden liegenden Mann, gingen in die Hocke; was sie genau anstellten, konnte ich aus der Entfernung nicht sehen. Nach höchstens zwei Minuten jedoch standen beide wieder auf. Mir war sofort klar: Der Mann am Boden war tot; rettende Maßnahmen anscheinend überflüssig. Die Sanitäter sprachen mit einem der anwesenden Polizisten. Der Mann zu ihren Füßen lag einfach da.

Es dauerte ein paar Minuten, bis der Notarzt kam; auch der brauchte für seine Diagnose nicht lange.

Die Feuerwehr rückte an und streute weißes Pulver auf ausgelaufenes Benzin und Öl. Der Verkehr wurde zwischen den Unfall- und Rettungsfahrzeugen hindurchgeschleust. In der Mitte der tote Mann. Erst nach einer knappen Stunde wurde er von der Feuerwehr mit einem Tuch bedeckt. Danach stellten sich fünf ihrer Männer vor den verhüllten Leichnam, bis ein Bestatter kam und ihn fortschaffte. Ein Abschleppwagen räumte die Kreuzung. Nach zweieinhalb Stunden lief der Verkehr wieder nach Plan; nur noch das Pulver auf dem Straßenbelag erinnerte an das, was hier passiert war.

Dieser Unfall hatte mich in einen eigenartigen Bann gezogen: Aus nächster Nähe (mein Balkon war ein Logenplatz) konnte ich die Routine des Rettungswesens beobachten. Als ich so zum Zuschauer einer dramatischen Live-Veranstaltung wurde, raste mein Puls vor Aufregung bei der Vorstellung, dass da gerade ein Mensch zu Tode gekommen war. Angewidert von meinem eigenen Voyeurismus zog ich mich an den Schreibtisch zurück, war aber zu unkonzentriert, um arbeiten zu können. Die andauernd ertönenden Martinshörner der hinzukommenden Feuerwehr- und Polizeiautos und das im Fenster reflektierende Blaulicht zeugten von der Dramatik da draußen unter meinem Fenster. Ich pendelte raus und rein. Dass sich all die hundert anderen Autos – die Insassen auf Feierabend eingestellt – an dem toten Mann vorbeischlängelten, empfand ich als entsetzlich. Natürlich, was konnten sie schon dafür, und was sollten sie auch sonst tun?

Der plötzliche Tod dieses Menschen traf mich. Ein so garstiger Tod! Nicht unschöner als im Schützengraben zu sterben oder zu verhungern; aber das eine kann nicht das andere relativieren. Ich weiß nicht, wohin der Mann unterwegs war, wer ihn wo erwartete, wem ein mutiger und erfahrener Polizist die Todesnachricht überbringen musste. Ich weiß nichts vom Leben dieses Mannes, nichts von seiner Vergangenheit und seinen Plänen für die Zukunft. Nur über seinen Tod weiß ich etwas: Plötzlich kam er, unerwartet, gewaltig, ihn aus allem herausreißend.

Wahrscheinlich musste er nicht leiden. Die Wucht des Aufpralls muss mächtig gewesen sein, der Motorradfahrer sofort tot. Und gerade diese Vorstellung ist mir unerträglich: keine Gelegenheit zu haben, einen letzten Gedanken zu fassen, sich zu verabschieden, ein Wort, einen Blick, einen Kuss zu tauschen.

Manchmal frage ich mich nämlich, woran ich wohl einmal sterbe. Ob an einem plötzlichen Herzinfarkt oder langsam an einem Krebs? Vielleicht bin auch ich das Opfer eines Unfalls oder, noch schlimmer, eines Verbrechens? Kann es sein, dass ich mir aus Verzweiflung selbst das Leben nehme? Ich weiß doch, in was für ausweglose Situationen ein Mensch geraten kann. Möglich ist auch, dass ich richtig alt werde. Doch vielleicht bin ich dann längst lebensüberdrüssig und ersehne den Tod?

Egal: Ob im Bett zu Hause, im Hospital oder auf der

Straße, wo auch immer ich sterben werde, ist mir gleich, wenn ich nur den Augenblick des Sterbens erleben, das heißt: ihn bewusst wahrnehmen darf. Ich will spüren: Jetzt ist er da, der geheimnisvolle Augenblick des Todes. Jetzt beginnt die Reise in das unbekannte Land, aus dem noch nie jemand wiedergekommen ist, um zu berichten, was uns dort erwartet.

Auf dem Balkon damals, da schämte ich mich, als ich den Unfall unter meinem Fenster mit einer Mischung aus Abscheu und Faszination beobachtete. Dafür betete ich seinerzeit intensiv, zwischen Büro und Aussichtsplattform hin und her wechselnd: dass der Verstorbene dort empfangen werde, wo es keinen Abschied mehr gibt, nur noch Ankommen. Dass seine Angehörigen (die ja später als ich erfuhren, was geschehen war), mit diesem Tod würden leben können. Und dass mir selbst die Gnade geschenkt sei, mein Sterben aufmerksam zu erfahren, als letzte Erfahrung dieses Lebens.

Ein Nachmittag im Advent

In der Woche vor Weihnachten passierte es. Die Rüters waren auf dem Heimweg. Der Mann hatte nach Dienstschluss seine Frau von der Arbeit abgeholt, dann gingen sie noch einkaufen. Auf der Landstraße, fünf Minuten von ihrem Haus entfernt, kam ihnen ein Auto entgegen, das nach einem Überholmanöver nicht schnell genug auf seine Spur zurückwechseln konnte. Die beiden Wagen prallten frontal aufeinander. Gregor Rüter starb am Unfallort, seine Frau Elke drei Tage später in der Universitätsklinik. Der Verursacher, ein Mann, zwanzig Jahre älter als das verunglückte Paar, kam mit dem Schrecken davon.

Zwei Tote auf einmal – das ist schon ein außergewöhnlicher Schicksalsschlag. Das Trauergespräch würde nicht einfach werden, das ist mir vorher klar. Als ich dann bei den Angehörigen des Mannes im Wohnzimmer sitze, spüre ich aber mehr als nur die Bedrückung über den Verlust. Alle Auskünfte sind zurückhaltend, die Antworten auf meine Fragen vage. Endlich rückt der Bruder des Verstorbenen mit dem eigentlichen Problem heraus: Elke und Gregor Rüter hatten sich von ihren Verwandten praktisch vollkommen zurückgezogen.

Als Zwanzigjährige drängte Elke aus der Enge ihres schwäbischen Dorfes in die Welt hinaus. Die Freiheit hieß für sie damals Kopenhagen. Ohne jemals dort gewesen zu sein und ohne einen Menschen zu kennen, machte sie sich aus dem Süden auf in den hohen Norden, trampte, jobbte, fand eine Anstellung im Hotel. In der dänischen Hauptstadt lernte sie dann Gregor kennen. Der arbeitete damals als Smutje auf einem Containerschiff; ihn hatte es aus dem rheinischen Niederkassel in die Ferne getrieben. Nachdem er eine Ausbildung als Versicherungskaufmann absolviert hatte, wollte er die Welt kennenlernen. Aber das gestaltete sich nicht so romantisch wie angenommen.

Die beiden Individualisten taten sich zusammen, zogen wieder nach Deutschland. Elke machte ihr Fachabitur nach, studierte dann Elektrotechnik und entwickelte als Ingenieurin Beleuchtungssysteme. Gregor ging in seinen erlernten Beruf zurück. Man erwarb ein Reihenhaus, dessen Gärtchen penibel gehegt wurde. Kinder passten nicht in den Lebensentwurf der Rüters.

Elkes Bruch mit ihrer Herkunftsfamilie war total. Was einst vorgefallen war, konnte mir niemand erklären. Seit ihrem Auszug waren mehr als zwei Jahrzehnte ins Land gegangen; ihre Heimat besuchte sie nie wieder, ihre Angehörigen auch nicht. Und weil sie mit der Mutter und den Geschwistern ihres Mannes nicht zurechtkam, verringerte auch Gregor die Kontakte zu seiner Verwandtschaft. Die Besuche nahmen ab, die Telefonate ebenso. Man schrieb sich ohnehin nicht, wusste bald kaum noch etwas voneinander.

„Wir haben uns total entfremdet", fasst der Bruder die Lage zusammen. „Aber wir hatten immer wieder vor, einen neuen Anfang zu machen. Wir wollten aufeinander zugehen, wussten aber nicht wie."

Weggebrochen ist nun alle Hoffnung, noch ein paar Schritte des Lebens zusammen gehen zu können; die Wehmut angesichts der verpassten Gelegenheiten zu einer Wiederannäherung ist schmerzlich. Nur die gemeinsame Vergangenheit ist den Angehörigen geblieben: Kindheit und Jugend mit Gregor, ein paar Begegnungen mit Elke.

Zwischen den Jahren versammelt sich eine stille Schar von Trauernden um zwei Särge. Die schwäbische Verwandtschaft ist fast komplett erschienen, nur der sterbenskranke Vater von Elke hat daheim bleiben müssen. Stumme Fassungslosigkeit über dieses Wiedersehen unter dramatischen Umständen: Nach so vielen Jahren ist Elke wieder im Kreise ihrer Familie – aber sie ist tot.

Das Tonband spielt „Wish you were here" von Pink Floyd. Das Stück hatte bei den Rüters auf der Stereoanlage gelegen: Ein Relikt aus alten Zeiten. Es macht offenbar, dass bei aller Verbürgerlichung des Paares die alten Träume noch nicht ausgeträumt waren. „Ich wünsch' mir, du wärst hier", das empfinden wohl die Frauen und Männer, die heute Abschied nehmen müssen. Der Wunsch aber bleibt unerfüllt. Auch wenn die Trauerschar der Begegnung mit den Fortgegangenen bedürfte, die Verstorbenen entziehen sich der Vereinnahmung bis zuletzt.

Kummer erfüllt den Raum: Da ist der plötzliche Tod zweier Menschen in den besten Jahren; da ist all das Ungesagte, was nun im Schweigen und Weinen gesagt wird. Die beiden Rüters hatten sich zurückgezogen, von den anderen ferngehalten, die ihnen in diesem Moment nahe sein möchten. Sich freiwillig exkommunizierend, stiftet das verstorbene Paar hier eine Gemeinschaft der Verlassenen. Der Graben der Lebenden zu den Toten jedoch bleibt bestehen.

Die schmucklosen Särge werden übereinander ins Grab eingelassen. Ich verneige mich vor den beiden, die ihrem ganz eigenen Weg gefolgt sind, ohne danach zu fragen, was die anderen davon halten. Zu fragen, wohin dieser Weg geführt hätte, wenn der Unfall an einem Nachmittag im Advent nicht passiert wäre, ist müßig. Ich gehe ab und beobachte, wie die Mütter von Elke und Gregor gemeinsam an das offene Grab treten und einander an die Hand nehmen.

Als ich ins Auto steige, gilt mein Gedanke dem älteren Mann, der für den Tod der Rüters verantwortlich ist. Er wird an seiner Schuld zu tragen haben, deren Gewicht wir nicht ermessen können. Gebe Gott ihm ein demütiges Herz und starke Schultern.

Alle Klugheit – relativiert

Dirk war mein bester Freund. Das habe ich nicht immer so gesehen. Denn erst seit er tot ist, weiß ich, wer mir fehlt.

Dirk war so ganz anders als ich. Unter seinen vielen Fähigkeiten ragte die Kunst der Rede wohl besonders heraus: Er beherrschte alle rhetorischen Figuren, konnte seine Stimme geschickt modulieren und besaß psychologisches Geschick. Wenn er ein Erlebnis erzählte, verstand er es, eine Nichtigkeit zu einem abendfüllenden Drama zu gestalten, das alle unterhielt. Seine Ausreden, wenn er einen mal wieder versetzt hatte, glichen spannenden Abenteuerromanen. Zweckmäßigerweise war er im Telefonmarketing beschäftigt; wen er nicht überzeugen konnte, den überredete er einfach.

Dieses forsche Auftreten – mit einem Hang zur Dreistigkeit – konnte mich bestricken und berücken, obwohl ich es moralisch verurteilte. Was Dirk an mir schätzte, kann ich nicht genau sagen. Vielleicht war es genau jener Kontrast, mit dem ich ihn konfrontierte und infrage stellte. Ich kritisierte oft sein Verhalten, nicht jedoch den *ganzen* Dirk. Der erschien mir immer, trotz oder wegen seiner großen Klappe, als ein liebenswert schwacher Mensch, ja: ein Mensch, der vor allem geliebt werden wollte.

Wir kannten uns seit dem siebten Schuljahr. Die Gegensätzlichkeit zog uns an. Interessen, Hobbys, Ansichten, Familienverhältnisse, alles unterschied uns. Doch stärker als das war eine Sympathie, nach deren Gründen wir nicht fragten. Wir tauschten uns über Bücher und Politik aus, diskutierten die Probleme der Welt, sprachen über Liebe und Partnerschaft und manchmal, bei einem Glas Wein, über den Sinn des Lebens. Wenn wir uns trafen, hatten wir Spaß: ob zum Plattenhören in seiner Dachwohnung, auf gemeinsamen Reisen nach Berlin und Luxemburg, oder als Dirk lächelnd mit Blumen zum Standesamt kam, nachdem meine Eheschließung gerade beendet war. Er wohnte nur drei Häuser weiter ... Eine Freundschaft eben: Ich lieh mir von ihm Geld, er konnte bei mir pennen, wir luden uns gegenseitig zum Griechen ein.

Wir beide redeten gern, und es gab immer was zum Reden. Nur ein Thema war tabu: sein Gewicht. Als Jugendlicher, das belegen Fotos der Klassenfahrten nach Hellenthal in der Eifel und nach Fulda, war Dirk nur das, was man „kräftig" nennt oder „gut gebaut". Mit dem Erwachsenwerden wurde er dick, schnell dann richtig fett. Für einen ziemlich großen jungen Mann sind hundert Kilo noch nicht dramatisch. Bei hundertfünfzig machte er die erste Kur im Krankenhaus. Über das Übergewicht sprachen wir jedoch nicht, als ich ihn besuchte.

Die vierzig abgespeckten Pfunde waren im Nu wieder drauf, anscheinend damit auch ein Damm gebrochen: Dirk nahm immer mehr zu. Als er etwa zweihundert Kilogramm wog, waren seine Probleme längst schon nicht mehr rein ästhetischer Natur. Die Gesundheit der Gelenke und des Herzens war in Mitleidenschaft gezogen. Man sorgte sich um Sitzgelegenheiten, die ihn aushalten würden. Andere

Verkehrsmittel als sein eigenes Auto konnte er nicht mehr benutzen. Dirks Auftreten in der Öffentlichkeit war längst zu einem Spießrutenlauf geworden – von seiner Erscheinung fasziniert und angeekelt zugleich, *musste* man ihn anstarren.

Dirk ertrug all die Strapazen und die Malaise mit großer Gelassenheit. Äußerlich zumindest. Trost fand er in üppigen Mahlzeiten und Bergen von Süßigkeiten. Immer wieder nahm er halbherzige Anläufe, sein Übergewicht zu reduzieren: eine Kur hier, eine Diät dort, sogar zum Schwimmen ging er eine Zeitlang. Affären mit Freundinnen verliefen im Sande.

Mit jeder Enttäuschung setzte Dirk mehr an. Auch als die Waage an die zweihundertfünfzig Kilo anzeigte (mehr, als meine Frau, meine Kinder und ich damals zusammen wogen!), waren die Gespräche über sein Problem Nummer eins seltsam verschlüsselt. Ich traute mich nicht recht, die Dinge beim Namen zu nennen: dass nämlich seine Fresserei ein Selbstmord auf Raten sei. Und Dirk erweckte den Eindruck, alles sei nicht so schlimm, er habe die Sache im Griff, demnächst werde sich alles zum Guten wenden. Mein Drängen war damals zu zaghaft; das bereue ich heute. Dass er uns und sich selbst belog, war eigentlich klar.

Als wir beide um die dreißig Jahre alt waren, zog Dirk aus dem Rheinland weg in den Süden der Republik. Wir sahen uns nur noch selten, alle fünf, sechs Monate, schrieben uns aber regelmäßig Briefe oder Faxe und telefonierten jede Woche miteinander. Die räumliche Entfernung machte mich mutiger; ich empfand es als bedrückend, seine Gewichtszunahme in größeren Zeitabständen wahrnehmen zu müssen.

„Tu doch was!", mahnte ich. „So kann es nicht weitergehen."

Dirk erwähnte die vage Möglichkeit, seinen Magen verkleinern zu lassen. Im selben Moment aber Beschwichtigungen, Ausflüchte: Seine Firma lasse ihm keine Zeit für einen Klinikaufenthalt, die Krankenkasse finanziere eine Operation nicht, der Arzt weigere sich, eine Anästhesie durchzuführen. Dirk zögerte, verdrängte, wollte nicht wahrhaben, wie ernst es um ihn stand. Oder aber, er hatte schon aufgegeben.

Im November 1998 musste ich zu einer Filmproduktion nach München. Ich legte den Termin so, dass er auf Dirks 36. Geburtstag fiel. Es war abgemacht, dass er mich am Flughafen abholen sollte. Natürlich war er nicht da. Gewartet. Angerufen; ein Missverständnis mit der Ankunftszeit. Wieder gewartet. Wieder angerufen; der Wagen springe nicht an. Es ging also mal wieder alles schief. Schon spielte ich mit dem Gedanken, den Besuch abzusagen und ins Hotel zu gehen. Ich ließ mich dann per Taxi zu ihm bringen.

Blankes Entsetzen, als wir uns gegenüberstanden. Ein um Atem ringender Fleischberg umarmte mich, der offensichtlich unter jeder Bewegung litt. Die Masse seines Körpers, schätzungsweise auf dreihundert Kilo angeschwollen, musste ihn seit geraumer Zeit an einer normalen Lebensführung hindern. Schuhe konnte er sich schon lange nicht mehr binden. (Er stand wahrscheinlich nicht pünktlich am Flughafen, weil er gar nicht mehr hinter das Steuer seines Mercedes passte.)

Sprachlos starrte ich ihn an. Dirk lachte, legte Musik auf, bot mir Speise und Trank an. Wir begnügten uns mit Smalltalk, als hätten wir schweigend eine Übereinkunft getroffen, diese Begegnung möglichst konfliktlos über die Bühne zu bringen. Aber warum?

Wieder daheim, erzählte ich meiner Frau von meinen Eindrücken und schloss mit dem beklemmenden Gefühl, Dirk das letzte Mal gesehen zu haben.

Tags drauf rief mein Freund an. „Du warst ganz schön entsetzt, als du mich gesehen hast, was?"

„Das gebe ich zu."

„Aber du dachtest, das kannst du dem armen Dirk nicht sagen, damit seine zarte Seele nicht verletzt wird ..."

Dirk spürte alles! Genauso war es gewesen. Und endlich, am Telefon, konnten wir offen sprechen. Ich redete Klartext, fand sein Verhalten leichtsinnig, dumm, unverantwortlich. Vorwürfe donnerte ich in den Hörer, schimpfte und beruhigte mich erst wieder, als Dirk mir bei allem Recht gab. Ich konnte aber seine Untätigkeit nicht verstehen, nicht nachvollziehen, wie er sehenden Auges immer tiefer in sein Unglück schlitterte.

„Dirk, warum machst du diese Operation nicht? Du hast alles andere in deinem Leben erreicht. Es liegt nicht an der Firma, nicht an der Krankenkasse und nicht am Arzt. Was soll das?"

Schweigen am anderen Ende. Eine seltene Reaktion.

„Hast du Angst?", fragte ich.

Seine Antwort ein verhaltenes: „Ja."

Für Angst habe ich immer Verständnis; eine so starke Emotion kann nicht unterdrückt werden. Aber Dirks Lage war auch ohne Operation beängstigend. Nun ging es darum, abzuwägen, welche Entscheidung risikoreicher war, welche mehr Aussicht auf Zukunft versprach. Das aber war längst entschieden: Ohne Eingriff raste der Zug weiter auf den Abgrund zu. Es war die einzige Chance.

„Sag mal, mein Freund", sagte Dirk seufzend, „falls es schiefgehen sollte, würdest du für mich die Trauerrede halten?"

Keinen Augenblick zögerte ich mit der Zustimmung, das selbstverständlich zu machen, wenn es jemals so weit kommen würde. Das Wort Tod nahm keiner von uns beiden in den Mund.

Als Dirk sieben Wochen später einmal anrief, befand er sich in einem Münchner Krankenhaus. Geschafft!, dachte ich, endlich geschafft. Dort würde sich etwas tun müssen. Man würde ihn gar nicht entlassen können, ehe er wesentlich erleichtert (im wahrsten Sinne) sein Leben wieder selbst in die Hand nehmen könnte. Zwar hatte er einen Kreuzweg zu gehen: radikale Diät, unangenehme Untersuchungen und Tests. Egal. Alles war auf Zukunft ausgerichtet. Wir telefonierten jeden Tag. Es gab Kreislaufprobleme, man musste einen Katheter legen.

„Durchmarschieren!", riet ich ihm. „Ich hab zwar leicht reden, aber bitte: halte durch! Alles wird gut!" Am Nachmittag malte mein Sohn Lukas noch ein Bild, ein Piratenschiff mit hundert Kanonenlöchern, das schickten wir im großen Umschlag ab, damit sich unser Freund sein Zimmer damit schmücke.

Tags drauf rief seine Schwester an: „Der Dirk ist tot!"

Schwindel im Kopf, Brechreiz, unbewusstes Stöhnen. Das erste, was ich sagte, ich weiß nicht wieso, war: „Scheiße!"

Warum Dirk so plötzlich einem Herzversagen erlegen war, konnten die Ärzte nicht erklären. Mit seiner Schwester und seinem Vater, die mich ins Vertrauen zogen, beriet ich, ob man seinen Leichnam einer Obduktion unterziehen sollte. Wir beschlossen einstimmig, davon Abstand zu nehmen. Seinem geschundenen Körper sollte endlich Ruhe gegönnt sein.

Jetzt war es an mir, mein Versprechen einzulösen und die Trauerfeier für Dirk zu gestalten. Mit seiner Schwester und ein paar anderen Leuten aus dem Freundeskreis bereitete ich den Termin vor: Wir formulierten die Todesanzeige, suchten Musikstücke aus, Wolfgang wollte sogar live „Über den Wolken" singen. Wir dachten uns eine Friedenstaube als Blumengebinde aus, planten Räucherstäbchen in der Friedhofskapelle. Die Rede aber war mein Job.

Ich saß am Computer und flennte. Ich, der ich schon dutzendweise Ansprachen vor Särgen und Urnen gehalten hatte, ich war jetzt auf eine andere Art mit dem Thema Tod konfrontiert: schmerzhaft direkt. So unmittelbar vom Tod berührt, verbot ich mir alle Floskeln und Redewendungen, die die Furcht vor dem Absoluten des Todes verschleierten. Was ich schon so oft gesagt hatte, das spürte ich nun am eigenen Leib: Die Macht des Todes in seiner Endgültigkeit zu akzeptieren, braucht Zeit. Tagelang bestimmte die Trauer über den Verlust meines Freundes mein Bewusstsein. Noch Wochen später wurde ich von Heulattacken außer Gefecht gesetzt, wenn ich plötzlich der Unumkehrbarkeit seines Weggehens gewahr wurde.

Zunächst aber galt es, die Trauerfeier zu überstehen. Auch diese Erkenntnis gehört zu meinem Repertoire: Die Beerdigung durchzuhalten, ist eine anstrengende Sache, aber anschließend geht es einem besser.

Als sich fast hundert Personen an einem Samstagnachmittag auf dem Friedhof versammelten, da war der überdimensionale Sarg schon unter Ausschluss der Öffentlichkeit mittels eines Kranwagens beigesetzt worden. Ursprünglich war eine Verbrennung vorgesehen gewesen; die Asche hätte der Ostsee übergeben werden sollen, da Dirk mit Polen eine große Liebe verband. In ganz Deutschland war jedoch kein Krematorium in der Lage gewesen, eine so große Kiste zu verbrennen. Makabre Realität. Bis in den Tod ein Ausgeschlossener.

Ich war erstklassig vorbereitet. Keine Rede zuvor hatte ich öfter redigiert, mehrmals laut gelesen. Ich wollte Dirk mein Bestes geben: persönlich sprechen als ein Freund, der ihn 22 Jahre lang kannte – und doch so, dass alle Anwesenden meine Worte als die ihren begreifen könnten. Ich wollte der vielschichtigen Persönlichkeit dieses Menschen Dirk gerecht werden; dazu gehörte nicht nur eine Laudatio seiner positiven Seiten, sondern auch der Mut, Fragen zu stellen: Warum hat uns Dirk manchmal verletzt, sogar belogen? Warum marterte er sich selbst? Wie fragil muss seine Seele gewesen sein, dass er glaubte, sie nur durch diesen immensen Panzer schützen zu können? Aber dieser Tag war nicht der Tag der Antworten, nicht des Verstehens. Es war der Tag der Trauer.

Die meisten in der Kapelle weinten. Ich bemühte mich um Fassung. Einer sollte den Überblick bewahren. Wolfgang wollte nur mich während des Singens ansehen, damit seine Stimme nicht wegbreche; das tat er dann auch, während er Reinhard Meys Lied vortrug. Er starrte mir geradezu in die Augen, ich kämpfte mit der Rührung und schluckte, blieb stark. Sprach dann weiter, sah den alten Vater an, der seinen Sohn betrauerte, mit dem das Verhältnis nicht immer ungetrübt gewesen war. Von „Versöhnung" im wahrsten Sinne sprach ich, von Konflikten, die angesichts des Todes überwunden seien. Als aus den Boxen dann Trude Herrs Chanson quoll, „Niemals geht man so ganz, irgendwas von mir bleibt hier", da gab es kein Halten mehr. All meine Klugheit über den Tod – relativiert! All meine Erfahrung – überholt! All meine Routine – nutzlos! Denn der Dirk ist tot ...

Heute, mehr als ein Jahr später, wühlt es mich wieder auf, wenn ich an Dirks Trauerfeier denke. Ich erinnere mich, wie wir an seinem Grab standen und „We shall overcome" sangen. Wie die Gäste der Trauerfeier, die sich zuvor selten oder nie begegnet waren, auf einmal eine Gemeinschaft wurden. Beim anschließenden Kaffeetrinken wurde erzählt, jeder hatte Anekdoten beizusteuern. Ein harter Kern saß noch bis Mitternacht in einer Kneipe zusammen. Wir tranken, waren ausgelassen und fröhlich: wollten den Geschmack des Todes loswerden, den Schock der Sterblichkeit abschütteln, uns unseren Freund vergegenwärtigen. Dirk hat uns, so verrückt das klingen mag, einen intensiven, unvergesslichen Abend in seinem Namen geschenkt.

Wie wichtig Dirk in meinem Leben war, wie sehr er mir fehlt, habe ich erst mit der Zeit gespürt. Ich nehme ein Buch in die Hand, es erinnert mich an ihn, oder eine CD, ein Foto, einen Brief; ich betrachte eine chinesische Korkschnitzerei im Regal, Dirks Geschenk zum 18. Geburtstag. Lakritzpfötchen verweisen auf Dirk, denn die mochte er so gern; Formulierungen lassen ihn auferstehen. Ich bringe es nicht fertig, seinen Namen aus meinem Adressbuch zu streichen. Und immer, wenn im Radio „Über den Wolken" erklingt, rührt mich das an, und ich bete für ihn: Möge ihm die grenzenlose Freiheit geschenkt sein.

Dieser Tod hat mich gelehrt, meine Freundschaften als wertvoll zu achten, sie zu hüten und zu pflegen. Denn wahre Freundschaft besteht über den Tod hinaus; diese Form der Liebe ist eine Brücke zwischen Lebenden und Toten. Dirk ist immer noch mein Freund. Die Gedanken an ihn begleiten mich, bei einigen Fragen ringe ich immer noch um Antwort. So lange ich bin, ist auch er. Was bleibt, ist Dankbarkeit.

Jedermann

Es soll nicht pietätlos klingen – aber gedanklich feierte ich ein kleines Jubiläum: Soeben hatte ich meine hundertste Traueransprache gehalten.

Hundert Mal hatte ich mich redlich bemüht, der Würde eines Menschenlebens gerecht zu werden, eine unverwechselbare Persönlichkeit angemessen zu verabschieden. Hundert Mal einen Verstorbenen auf dem letzten Weg zu geleiten und die Hinterbliebenen zu trösten, das ist für Profis in jener Branche, die mit Toten zu tun hat, nicht viel: Bestatter, Pfarrer und hauptamtliche Redner mögen viel mehr Erfahrungen gesammelt haben; ich aber habe *meine*.

Ich fuhr durch die vormittäglich aufgequirlte Großstadt nach Hause und ließ noch einmal die vergangene halbe Stunde Revue passieren: Der Tod der achtzigjährigen Dame, die wir gerade beerdigt hatten, machte vor allem ihrem jüngsten Sohn zu schaffen. Der war zwar mit einem Alter von etwa fünfzig Jahren nicht mehr jung zu nennen (außerdem selbst Familienvater und auch beruflich erfolgreich), aber was heißt das schon, wenn die Mutter gestorben ist. Er weinte während der Feier in stummer Verzweiflung.

Plötzlich musste ich an meine eigene Mutter denken; unwillkürlich verschleierten Tränen meinen Blick. Auch sie würde einmal sterben. Das zu wissen, ist das eine; das zu spüren, das andere. Mutter würde sterben, meine Geschwister, meine Frau. Ich heulte Rotz und Wasser. Ich sprach zu mir selbst – während des Fahrens im Wagen kontrolliert mich ja niemand – und ermahnte mich, es jetzt gut sein zu lassen. Aber es wurde schlimmer: Alle Menschen, an denen ich vorbei fuhr, trugen auf einmal das Zeichen des Todes auf der Stirn: die junge Radfahrerin, die ich überholte – sie würde einmal sterben. Die Rentner, die an der Ampel warteten – sie würden sterben. Und die Fußgänger, die links und rechts der Straße hasteten, die anderen Autofahrer, die Leute in der Straßenbahn, die Kanalarbeiter, die Bäckereiverkäuferin, die gerade das Schaufenster wischte. Ich war von Sterblichkeit umgeben. Und als ich an einer Klasse von Grundschülern vorbeifuhr (im fröhlichen Übermut von zwei Lehrerinnen kaum gebändigt), da stach es in meinem Herzen: auch Theresia und Lukas gehörten zu den Sterblichen, meine Kinder.

Heimgekehrt, legte ich die schwarzen Klamotten ab, gönnte mir eine Tafel Schokolade und hing noch ein wenig meinen Gedanken nach. Sie waren in ihrer Art nicht nur niederdrückend: Dass alle sterben, hatte das nicht auch einen Aspekt der Gleichheit? Mit Gerechtigkeit allerdings hat das nur wenig zu tun. Zwar wird jeder Mann und jede Frau einmal sterben; höchst ungleich ist jedoch das „wie": Manche müssen sich jahrelang quälen, bis der Tod sie gnädig vom Leiden erlöst.

Auf einer Konferenz in München wartete ich einmal mit achtzig anderen Wissenschaftlern auf eine Referentin, die einen soziologischen Vortrag über Politik halten sollte. Die Dame erschien einfach nicht. Ohne Entschuldigung! Wir empörten uns über diese Ungehörigkeit! Drei Tage später, wieder daheim, las ich in der Tageszeitung, dass die Frau just am Tage des Vortragstermins überraschend verstorben sei. Damit hatte niemand rechnen können. Nur wenigen ist vergönnt, was ein Friedhofswärter einmal „Tod erster Klasse" nannte: glücklich alt zu werden und morgens nicht mehr aufzuwachen.

Am Abend meines Jubiläumstages traf ich meinen Freund Paul bei einer Ausstellungseröffnung. Wir seilten uns nach einer Stunde ab und gingen in die nächste Kneipe, ein Kölsch heben. Nachdem wir ein paar neue Witze ausgetauscht hatten, kam ich, ohne es zu wollen, auf mein Vormittagserlebnis zurück. „Ich weiß nicht, ob du mich bescheuert findest", begann ich und erzählte dann von meinem Blick auf die Endlichkeit alles Lebendigen.

„Seit meine Schwester letztes Jahr gestorben ist, denke ich unablässig an den Tod", gab Paul zurück.

„Dabei haben wir ja gar keine Angst vor dem eigenen Tod ...", leitete ich einen neuen Gedanken ein.

„Das sagst du *heute*!", unterbrach mich mein Freund.

Ich stimmte ihm zu. „Ich meine nur: Dass alle um uns herum wegsterben, das ist das Gemeine."

Paul machte mit der Hand eine wegwerfende Geste: „Nein. Das hilft uns doch. So können wir uns mit dem Tod anfreunden."

Wir bestellten die nächste Runde.

IV. Weiter geht es – anders als vorher

Dass die Freude über die Trauer siegt, ereignet sich fast jeden Tag, und doch kann man dies als Wunder verstehen.

LARS ARDELIUS

„Kommt, ihr Töchter, helft mir klagen"

In meiner Herkunftsfamilie wurde oft über den Tod gesprochen, was natürlich mit dem frühen Abschied von meinem Vater zusammenhängt. Auch in der Familie meiner Frau gab es dramatische Todesfälle, sogar mehr an der Zahl als bei mir zu Hause. So starb ein Onkel in jungen Jahren an den Folgen eines unverschuldeten Autounfalls. Dort aber wird das Thema gemieden, denn die Trauer hat nicht heilen können. Die Erinnerung vergegenwärtigt den Schmerz, als hätten sich die Todesfälle gestern erst ereignet.

In meiner jetzigen Familie kommen wir auch immer wieder auf den Tod zu sprechen. Ob ich meinen Kindern von ihrem verstorbenen Opa Franz erzähle oder Theresia und Lukas beim Mittagessen wissen wollen, was ich vormittags auf dem Friedhof erlebt habe, immer wieder ist der Tod Thema. Dabei werden diese Gespräche nicht bewusst gesucht; drängt es sich aber durch eine Situation auf, wird das Thema nicht gemieden.

So hatten wir einmal der Tageszeitung entnommen, eine Nachbarin sei plötzlich verstorben. (Wie sich später herausstellte, war es eine andere Frau gewesen, deren Name nur sehr ähnlich war.)

Mein Sohn Lukas, damals noch ein Kindergartenknirps, fragte bei einem Spaziergang: „Du, Papa, stirbt die Oma Male auch?" (Male – Amalie – ist seine Urgroßmutter mütterlicherseits.) Ich antwortete nur: „Ja."

Wir gingen weiter, und nach ein paar Schritten wollte er wissen: „Und die Oma Irmgard, stirbt die auch?" Ich bejahte. „Und der Opa Hans?" Wiederum stimmte ich zu.

Einige Schritte gingen wir schweigend nebeneinander her. Dem Kleinen war anzusehen, dass er angestrengt nachdachte. „Und du und die Mama: Sterbt ihr auch?" Ich nahm das Kind an die Hand, gab ihm einen Kuss auf die Stirn und antwortete wahrheitsgemäß: „Ja, wir werden auch sterben. Aber hoffentlich erleben wir vorher noch viele, viele schöne Jahre miteinander."

Lukas lächelte, aber erschöpft war das Thema noch nicht, denn plötzlich blieb er stehen, sah mich mit großen Augen an und legte seinen Kopf etwas schief: „Und ich?"

„Du hast noch ein ganz langes Leben vor dir. Ich hoffe, ein glückliches Leben. Wenn du dann alt bist, selbst einmal Kinder hast und vielleicht sogar Enkel ... dann stirbst auch du, mein Sohn."

Lukas verzog keine Miene. Wir gingen weiter. Im nächsten Augenblick fand er einen großen, rostigen Nagel auf dem Weg, der seine Aufmerksamkeit fesselte. Er hatte plötzlich Hunger, bat mich, mit ihm zu spielen – und das Thema war vorbei.

Als wir kurze Zeit später mit dem Fahrrad unterwegs waren und am Friedhof vorbeikamen, rief der Fünfjährige vergnügt, fast singend: „Guck mal, Papa, da kommen wir hin, wenn wir tot sind!"

Leichtfertig, fast zynisch der Umgang mit der Thematik Tod, wenn mich Freunde und Bekannte auffordern, neue „Friedhofsstories" zu erzählen oder gar Trauerreden für sich selbst vorbestellen wollen (ich bitte dann um Vorauszahlung). Verständnis habe ich ja für dieses Witzeln, denn wer mich in meiner Dienstkleidung sieht – schwarz von Kopf bis Fuß, im Winter mit breitkrempigem Hut – der muss lachen oder schlucken: Ich verkörpere für manche Menschen die Sterblichkeit. Und wenn meine Büronachbarn beim Gespräch über die Termine des Sperrmülls meinen, ich könne auch sie bald draußen zu dem kaputten Kram stellen, dann muss ich grinsen.

Da ich mich aber genauso fix auf Ernstes einlassen kann, erzählen mir manchmal Bekannte von Sachen, die ihnen querliegen. Eine Schriftstellerkollegin beispielsweise beklagte sich am Telefon darüber, dass sie wegen eines Hörspiels aus ihrer Feder oft angefeindet würde. Darin bittet eine alte Frau ihre Tochter um aktive Sterbehilfe. Sie will nicht mehr leben, täuscht sogar eine Krebserkrankung vor, um ihrer Tochter Gewissensqualen zu erleichtern.

„Ich habe das bei meiner Mutter erlebt", erfahre ich von der Autorin. „Sie litt am Ende schrecklich und bat meinen Vater, ihr zu helfen. Der war fassungslos und konterte nur: ‚Willst du einen alten Mann ins Gefängnis bringen?' Meine Mutter fing nie mehr davon an. Ich aber entschied für mich, dass ich selbst entscheiden will."

Für sich zog sie dann die Konsequenz, Mitglied in der Gesellschaft für Humanes Sterben zu werden.

Das Telefonat bewegt mich eigentümlich stark. Ich spüre, hier geht es um mehr als einen speziellen Aspekt des Themenkreises Sterben & Tod. Hier geht es um *mein* Problem, das ich umkreise, aber nicht anrühren mag.

Als meine Frau Judith und ich ein paar Monate lang verheiratet waren, wurde bei ihr eine chronische Krankheit festgestellt: Multiple Sklerose. Das ist eine immer wiederkehrende Entzündung in Gehirn und Rückenmark, die sich in Störungen der Bewegung und des Empfindens äußert. Die Forschung hält vielerlei Ursachen für möglich; Therapien sind zahlreich, keine heilend. Bei jedem Patienten verläuft die Krankheit anders.

Meine Frau hat im Laufe der vergangenen vierzehn Jahre Unmengen von Büchern darüber gelesen und Vorträge gehört, mit Dutzenden Ärzten gesprochen, mit Pharmaherstellern korrespondiert und vor allem mit anderen Betroffenen Erfahrungen ausgetauscht. Die Krankheit kann nicht besiegt werden; man kann nur lernen, mit ihr zu leben. Was nicht leicht ist, wenn sie körperlich so beeinträchtigt, dass man den Beruf aufgeben muss und immer wieder das schleichende Gefühl heraufbeschwört, dass die Lebenserwartung unterdurchschnittlich sei.

Ich konnte das immer nicht hören! „Mach dich doch nicht verrückt", mahnte ich, damit wenig Hoffnung stiftend. Ich, der Fachmann vor Sarg und Urne, verdrängte die Auseinandersetzung mit dem drohenden Ende. Auch kam das Gespräch immer wieder auf Euthanasie: Wenn ein Mensch nichts mehr selbst kann, für alles auf die Hilfe anderer angewiesen ist, wenn seine Empfindungen schon wie tot sind oder er gar quälenden Schmerz leiden muss, nur der Geist noch flehen kann: „Erlöse mich" – darf man ihm dann diese Bitte abschlagen? In heißen Debatten am Küchentisch tauschten wir Argumente aus. Tötung auf Verlangen darf man von keinem erwarten, das ist eine unzulässige Überforderung! Oder kann das die letzte große Tat der Liebe sein? – Wir sind zu keinem befriedigenden Entschluss gekommen. Ende offen.

Klar ist nur: Sie will verbrannt werden (der berüchtigten Würmer wegen). Auf ihrem Grab soll ich einen Apfelbaum pflanzen. Und für den Stein wünscht sie sich wieder ihren Geburtsnamen. – Wenn ich das so schreibe, höre ich in mir den Eröffnungschor aus der Matthäuspassion erklingen: „Kommt, ihr Töchter, helft mir klagen!"

Am liebsten wäre mir, ich stürbe vor ihr. Aber welcher Egoismus lebt in mir, dass ich solches wünsche! Der Dichter Reiner Kunze formuliert in seinem Text „Bittgedanke, dir zu Füßen" knapp, aber treffend: „Stirb früher als ich, um ein weniges / früher / Damit nicht du / den weg zum haus / allein zurückgehen musst".

Ich will es nehmen, wie es kommt.

Mag sein, jemand öffnet die Tür

87 Jahre alt ist Frau Bogzacu: Bis zwei Tage vor meinem Besuch in ihrer kleinen Wohnung hat sie ihren Sohn gepflegt. Carol Bogzacu starb im Alter von 62 Jahren an Krebs.

Die Mutter, immer noch eine agile Dame, erzählt mir vom Leben ihres Sohnes: angefangen mit den Leiden im kommunistischen Rumänien, wo man Carol zunächst das Studium verweigerte. Bevor er Lehrer werden durfte, musste er jahrelang in den Kohlegruben schuften. Ende der 1970er-Jahre gelang dann über komplizierte Umwege die Flucht in den Westen. Als Banater Schwabe beherrschte der Mann wohl die deutsche Sprache; Deutschland wurde dennoch nie sein Zuhause.

Er war heimatlos, dazu noch arbeitslos; so ging kurz nach der Übersiedlung die Ehe Carol Bogzacus in die Brüche. „Eine unmögliche Person", urteilt die Mutter über ihre ehemalige Schwiegertochter. „Nach der Scheidung kam sie noch manchmal, wie peinlich!"

Ein Schicksalsschlag, den der Verstorbene nicht verwinden konnte, war der Tod seiner Tochter. Erst neunzehnjährig starb sie. „Ermordet!", flüstert die Mutter mit weit aufgerissenen Augen.

„Was?", frage ich beklommen und spüre, wie es mir heiß den Rücken heraufkriecht.

„Zumindest ist die Todesursache nie geklärt worden", beendet die Mutter das Thema. Und in meinem Hirn geistern plötzlich Geschichten über Racheakte osteuropäischer Geheimdienste herum.

Zu schlechter Letzt: Sein Sohn hat irgendwann den Kontakt zum Vater abgebrochen. Auf solche Weise einsam geworden, zog Carol Bogzacu wieder zur Mutter.

Ich will wissen, was er machte – ein Mann in den besten Jahren, ohne Familie, ohne Job, ohne Perspektive. Er las viel, und sie zeigt mir sein Zimmer, das vollgestopft ist mit Büchern: Philosophie, Literatur, Esoterik. Er habe auch parapsychologische Forschungen betrieben, erklärt sie und deutet auf den großen Computer. Damit habe er Stimmen einfangen können; es sei auch die Stimme seiner Tochter dabei gewesen. *Carol* habe sie zumindest gehört, schränkt sie von sich aus ein.

„Die Ärzte", klagt die Mutter, „haben mir gesagt: Wir können den Krebs nicht mehr heilen; wir können nur noch die Schmerzen lindern."

„Hat Ihr Sohn gewusst, wie ernst es um ihn stand?"

„Nein! Wir haben nie darüber gesprochen. Das war ein Tabu! Ich war überrascht, dass er gestorben ist."

Ich frage nach: „Aber Sie wussten doch, dass es zu Ende gehen würde."

Sie zieht die Schultern hoch. Vielleicht soll das sagen: Wissen – ja; aber was heißt schon *wissen* ... ?

Zu viert treffen wir uns am nächsten Tag in der Trauerhalle. Carol Bogzacu hat auch Gedichte geschrieben, melancholische Lyrik, die düstere Bilder zeichnet. Einen der Texte, die niemals veröffentlicht wurden, trage ich heute vor. Ein schwermütiges Gedicht, das mit der Feststellung endet, die Tür sei verschlossen geblieben.

„Mag sein", ende ich meine Rede, „dass andernorts sich für Carol eine Tür öffnet."

Als wir zum Grab gehen, reiht sich der Sohn überraschend ein. Die Großmutter lächelt ihn an; ihr Enkel weint.

Sehnsucht nach Leben

Als ich mittags nach Hause komme, sehne ich mich erst einmal nach einem Schnaps; nein, besser paffe ich eine Zigarre. Das war heute ein Bad im Meer der Tränen. Eine Story wie aus einem Groschenroman:

Gisela Fink verabschiedete sich kurz vor der Silberhochzeit von ihrem Ehemann. Alles schien ihr erstarrt zu sein, sie wollte noch einmal von vorn anfangen. Zog aus und nahm sich eine eigene Wohnung. Suchte sich eine Stelle im Supermarkt. Und lernte tatsächlich einen jungen Mann kennen, mit dem sie glückliche Zeiten genoss. Pierre hätte ihr Sohn sein können. Mit seiner jugendlichen Kraft und Schönheit gab er Gisela das Leben zurück. (Ich sah Fotos der beiden: Händchen haltend auf Ibiza. Braungebrannter Stolz: „Geschafft!")

Dieses Glück aber währte nur kurz. Ihr Arbeitgeber feuerte sie. Langjährige Freundschaften gingen in die Brüche. Gisela tröstete sich mit dem verlogensten aller Freunde – dem Alkohol. Sie trank erst abends, dann tagsüber heimlich, schließlich permanent. Sie verlor den Führerschein. Sie verlor ihren Pierre, der sie nach zwei Jahren vollkommen überfordert verließ.

Wie groß muss ihre Einsamkeit an jenem Abend gewesen sein, als sie sich wieder vollllaufen ließ? Wie groß ihre Enttäuschung über jenen zweiten gescheiterten Anlauf in ein erfülltes Leben?

Die erwachsene Tochter fand sie am nächsten Tag. Stundenlang tönte bei Giselas Telefon nur das Besetztzeichen. Erstickt, Erbrochenes im Hals, lag sie auf dem Teppich. Den Telefonhörer in der Hand. Anscheinend war sie über das Kabel gestolpert, es war aus der Wand gerissen.

Der geschiedene Ehemann kam sofort. Er drückte auf die Wiederholungstaste des Telefons: Es war die Nummer der Tochter. Eine Verbindung war nicht mehr zustande gekommen.

Es mag kitschig klingen: Gisela Fink ist an gebrochenem Herzen gestorben. An ihrem Grab weinten viele. Ein hilfloser Pierre; auch solche, die sie einst weggestoßen hatte. Und sie ließen sich trösten von der uralten Hoffnung auf Erfüllung, die es auf Erden nicht geben kann.

Wenn ein Lied nicht aus dem Sinn geht

Tante Rosemarie bedankt sich telefonisch für meine Geburtstagsglückwünsche. Mit 65 Jahren, die sie nun zählt, darf ich sie eine alte Dame nennen. Wir scherzen: Hatte ich ihr doch mein Buch zum Thema „Brot – Zeichen des Lebens" geschickt und als Widmung die italienische Weisheit hineingeschrieben: „Mancher hat das Brot, aber nicht die Zähne ..." Und Rosemarie erinnert sich, das passe ja so gut, denn schon zu ihrem Fünfzigsten schenkte ich ihr doch einen Rasierer: für die Haare auf den Zähnen.

Tante Rosemarie genießt meine Anerkennung und Zuneigung, weil sie es auf bewundernswerte Weise versteht, katholische Frömmigkeit mit humorvoller Lebensfreude zu verbinden. Ihre Weisheiten und Sprüche kann ich gut annehmen, denn sie sind authentisch. Sie lebt in ihrem Glauben, und sie belebt andere Menschen damit, ohne aggressiv missionieren zu müssen.

Tante Rosemarie fragt, was ich gerade treibe. Ich sitze am Schreibtisch und erzähle vom vorliegenden Projekt, kurz genannt: Geschichten zum Thema Tod.

„Da kann ich eine beisteuern", lacht die Tante in den Hörer. „Weißt du noch, wie meine Mutter gestorben ist?"

Ich bejahe, denn selbstverständlich erinnere ich mich an die kleine, drahtige Frau, die überzeugt war, Schuppenflechte würde man so nennen, weil sie in Schüben auftritt.

„So, und wie wir dann nach der Messe auf dem Friedhof sind und hinter dem Sarg hergehen", fährt Rosemarie fort, „weißt du denn, welches Lied mir da nicht aus dem Kopf ging?"

Ich tippe auf „Erschalle laut, Triumphgesang" oder „Herr, gib Frieden dieser Seele".

Wieder lacht die Tante. „Von wegen: ,Wie oft sind wir geschritten auf schmalem Negerpfad'!"

Und dann versuchen wir beide, die letzte Strophe dieses Fahrtenliedes zu rekonstruieren: ,Tret ich die letzte Reise, die große Fahrt einst an, auf, singt mir diese Weise statt Trauerliedern dann, dass meinem Jägerrohre, dort vor dem Himmelstore, es klingt wie ein Halali: Heia, heia Safari!'

Tante Rosemarie schließt: „Kurzum, ich wusste: Die ist schon angekommen!"

Tears in heaven

„Eine starke junge Frau", sagen die Hinterbliebenen übereinstimmend, „sie hat gekämpft bis zum Ende."

Bei Angela Pauli war mit Mitte zwanzig eine unheilbare Krankheit festgestellt worden. Da wohnte sie noch zu Hause. Das erste was sie tat, war auszuziehen. Auf eigenen Beinen stehen! Aber auf diesen Beinen zu stehen, fiel mit der Zeit immer schwerer. Ärzte im In- und Ausland dokterten an ihr herum, Kuren, Therapien, schulmedizinisch oder alternativ, alles probierte sie aus, Diäten, Wundermittel und Chemie bis zum Umfallen. Irgendwann konnte sie ihren Job im Büro, an dem sie so hing, nicht mehr leisten. Da war sie erst Anfang dreißig. Irgendwann ging es nicht mehr anders: Sie kam wieder heim.

An einem Abend im Sommer vollendete sich dann dieses kurze Leben: Inmitten ihrer Familie – Mutter, Vater, eine Großmutter, Brüder und Schwägerinnen waren zu einer Grillparty auf der Terrasse versammelt – da starb sie ruhig im Gartenstuhl liegend. Alle waren dabei. Das abendliche Treffen: Unvermittelt wurde es zu einem Abschiedsfest.

Die Intensität des gemeinsam erlebten Sterbens spüre ich noch beim Vorgespräch. Wer irgend Zeit hat, ist gekommen, um mir von Angela zu erzählen. Unkompliziert sei sie nicht gewesen, bekennt man offen. Doch die Angehörigen zollen ihr mehr als Respekt für gemeisterte Probleme – sie müssen einen Menschen hergeben, den sie liebten und über den Tod hinaus lieben.

Der Friedhof platzt beinahe: Verwandtschaft, Freunde, Nachbarn, Kollegen der Verstorbenen und der Angehörigen sind gekommen. Ein eindrucksvolles Zeugnis der Sympathie für Angela Pauli, die nur 33 Jahre alt werden konnte. Aber zählt die Anzahl der Jahre – oder ihre Intensität? Trauern wir an diesem Tag nur um eine junge Frau, die erschöpft im Kampf gegen eine übermächtige Krankheit unterlag – oder gilt die Trauer auch denen, die fortan ohne Angela weiterleben müssen?

Da will ich niemandem etwas vormachen: Tragfähigen Trost zu spenden in einer solchen Situation, ist schwer. Hohle Worte machen es nur noch schlimmer. Den Sarg anzusehen, vor einem Grab zu stehen (dazu als Eltern!), ist eine enorme Belastungsprobe. Ich ermuntere, die Traurigkeit herauszulassen. Weinen befreit. Als man mich beim Vorgespräch fragte, ob ich es für angebracht hielte, bei der Trauerfeier Eric Claptons Lied spielen zu lassen, stimmte ich darum zu.

„Tears in heaven" ist ein ergreifender Song, der schon einen Unbeteiligten schwermütig werden lassen kann. Dem englischen Sänger war ein kleiner Sohn gestorben (er war aus dem Fenster eines New Yorker Wolkenkratzers gefallen). Zunächst verstummte der berühmte Gitarrist daraufhin, fand erst mit diesem Lied seine Stimme wieder: „Tränen im Himmel" – sogar dort, so groß kann die Trauer sein! Und dazu die bange Frage des Vaters: „Wirst du mich erkennen, wenn wir uns im Himmel sehen?" –

Nur als Glaubender kann ich da sprechen und ja sagen; ich bin mir sicher, dass es ein Wiedersehen, ein Wiedererkennen gibt. Aber wann und wo und wie, da versage ich mir selbst die Spekulation.

Natürlich öffnet das Lied auch hier die Schleusen: Es wird Rotz und Wasser geheult; jung und alt schniefen und schluchzen. Was kann ich den Leuten mitgeben? Nicht mehr als dies (aber immerhin soviel): „Angela Pauli ist tot. Und doch lebt sie weiter in allen, die Abschied nehmen in Liebe und Dankbarkeit."

Eine lange Prozession steht an, um eine Blume oder einen grünen Zweig ins Grab zu werfen. Mein Werk ist getan, ich mache mich auf zum Auto. Eine junge Frau eilt mir nach, mit geröteten Augen. Sie bedankt sich per Handschlag mit der schiefen Formulierung, deren Sinn aber offenkundig ist: „Das war eine schöne Beerdigung."

Zettelgeschichten

In meinem Gesangbuch hat sich eine Menge frommer Papierchen angesammelt, die im Laufe der Jahre die Dicke des Buches fast um die Hälfte vergrößert haben: Heiligenbildchen, Erinnerungen an die jährliche heilige Osterkommunion, Gebetsaufrufe. Am liebsten sind mir jedoch die Totenbildchen.

Manche Angehörige lassen für ihren Verstorbenen – in alter katholischer Tradition – Zettelchen drucken: Halb so groß wie eine Postkarte, schmückt die Vorderseite meistens ein frommes Motiv. Auf der Rückseite ist Platz für persönliche Daten und frei gewählte Sprüche. Diese Zettelchen erzählen Geschichten. Ich nehme sie manchmal gerne zur Hand, wenn zum Beispiel die Predigt besonders langweilig ist. Dann blättere ich in meinem Gesangbuch.

Meine ganze vorangegangene Verwandtschaft ist zwischen den Liedern präsent, auf betenden Händen und Kreuzigungsszenen. Was? So lange sind die schon tot? Die schmale Oma Agathe mit dem blinkenden Goldzahn und Opa Jean, dessen Namen man in Düsseldorf „Schang" aussprach? Als Kind dachte ich, er sei Chinese, außerdem kannte ich ihn nur von Zigarrenrauch umnebelt in der kleinen Großstadtwohnung hockend. Die andere Großmutter, Sibylle, war zugleich meine Patentante; eine Frau, die ich liebte, die mich liebte, deren „Arme Ritter" ich in Gedanken noch schmecke, und die unserem Hund Rocky (der auch schon seit langem im Garten begraben ist) immer ein Glas Wiener Würstchen mitbrachte. Er pinkelte dann vor Freude.

Sibylles Gemahl, Eugen, so verrät sein altes Bildchen in Frakturschrift, starb im Oktober 1945 in französischer Kriegsgefangenschaft. Doch erst ein Jahr später erfuhren Sibylle und ihre Tochter, meine Mutter, durch einen heimkehrenden Kameraden vom Tod des Mannes. „Schwer ist daher der Verlust für seine Gattin und sein Kind. Sie stehen aber in der christlichen Hoffnung im Geiste am fernen Grabe ihres lieben Verstorbenen und bitten Gott, ihm ein gnädiger Richter zu sein", heißt es da. Ein Portraitfoto des Vierzigjährigen zeigt den Sanitäts-Stabsfeldwebel in Uniform mit Schirmmütze. Das Wort „gefallen" vor dem Todesdatum suggeriert, sein Tod habe einem höheren Zweck gedient.

Die Schwarz-Weiß-Abbildung der Schutzmantelmadonna gehört zu meinem Vater. Den Text kann ich auswendig. Da steht nicht einfach, er starb dann und dort, sondern viel lyrischer: „Franz Schwikart gab am Feste des heiligen Erzengels Michael seine Seele seinem Schöpfer zurück." Die Madonna hält das segnende Jesuskind auf dem Arm. Mit ihrem Mantel bedeckt sie eine kniende Familie.

Ein kleines Kunstwerk: das Bildchen des italienischen Schwiegervaters meiner Schwester Hildegard. Antonino lächelt uns auf einem echten Foto entgegen; die geschmackvolle Papphülle wird von einem Jesuskopf in Prägedruck im Silberkranz verziert. Skurril jenes Zettelchen, das an Großtante Elisabeth erinnert. Dieses Dokument des Sexismus der fünfziger Jahre schreibt in Fettdruck: „Gedenket im Gebete der Frau Jakob Schwikart" und setzt nur klein darunter: „geb. Elisabeth Oehm".

Für wen steht das Passauer Gnadenbild (um 1622)? Ach, Marie, die Mutter einer alten Freundin, wird darin verewigt: „Zum treuen Gedenken". Ohne das Zettelchen hätte ich ihrer an diesem Tag nicht gedacht. Auch Hans, Vater unseres Pastors, wird kurzzeitig durch das Zettelchen lebendig. Und noch andere Namen tauchen auf, die sonst in meinem Leben keine Rolle mehr spielen. Die Bildchen zeigen aber, dass eine Verbindung zu diesen Menschen bestand – und sei es über Umwege; dass sie meinen Verwandten und Freunden wichtig waren.

Alpha und Omega auf der Vorderseite, dazu der Spruch: „Werde an Gottes Hand nicht irre, wenn du auch einmal seine Hand nicht verstehst." Ich klappe das Papierchen auf. Obwohl nur zwei Namen mit Daten da stehen, verbindet sich sofort eine ganze Geschichte damit. Der Junge war Messdiener in meiner Heimatgemeinde, ein behütetes Einzelkind. Der Vater tat als Hilfsküster seinen Dienst. An der See, wo die Familie immer die Ferien verbrachte, lernte der Junge ein Mädchen kennen. Die beiden heirateten. Es heißt, seine Eltern waren darüber zunächst alles andere als erfreut. Dann kam ein Kind, er Mitte, sie Anfang zwanzig. Etwa ein Jahr später, am 23. Dezember 1996, einen Tag vor Weihnachten, kamen beide bei einem Autounfall ums Leben. Die Eltern der verstorbenen Frau ziehen nun das Enkelkind an der Küste auf; den Eltern des Jungen bleibt nur die Pflege des Grabes.

Heute, ein paar Jahre später, obwohl ich die Frau nie sah und ihn nur als Kind und Jugendlichen kannte, heute bin ich immer noch so betroffen wie damals, als ich von meiner Mutter erfuhr, was sich zugetragen hatte. Ich sehe den aufgeweckten Blondschopf vor mir, im Ministrantengewand; es gibt ein Foto von uns beiden vor der Pfarrkirche. Ich vergegenwärtige mir den Vater, einen aufrechten Mann. Mit der Mutter hatte ich selten Kontakt; sie lächelte stets freundlich. Das einzige Kind ist ihnen genommen, dazu die Schwiegertochter. Nur ein Enkelchen bleibt, in der Ferne jedoch. Schrecklich, diese Vorstellung.

Ich trauere mit, wenn ich diese Namen lese. Und ich frage mich, ob wir Christen nicht ein zusätzliches Problem haben: Zum Verlust gesellt sich der Zweifel an einem Gott, der tatenlos zusieht, wie ein Kind verwaist. Trost spendet der Glaube nur, wenn sich die Hoffnung bewährt. Automatisch geschieht das nicht.

Ich kann nachvollziehen, warum die gläubigen Verwandten für die Rückseite des Totenbildchens einen Vers Anselm von Canterburys auswählten: „Ich mache keinen Versuch, Herr, in deine Tiefen einzudringen, die meiner Vernunft unfassbar sind. Aber ich sehne mich danach, ein Bruchstück deiner Wahrheit zu begreifen, die mein Herz glaubt und liebt."

Streuselkuchen

Trauerfeiern sind in der Regel ernste Angelegenheiten. Im Angesicht des Todes werden wir uns unserer eigenen Sterblichkeit bewusst. Da geht mancher doch in sich und fragt, wann er selbst wohl dort in der Kiste liegen wird. Dass das irdische Dasein ein Ende hat, ist eine Binsenweisheit, die doch immer wieder zu schockieren vermag.

Sich vom Rendezvous mit dem Tod wieder ins Leben hineinzuholen, dazu dienen seit alters her die Beerdigungskaffees, die man regional auch Leichenschmaus oder Trösterwein nennt. Bei Streuselkuchen, belegten Brötchen oder warmer Suppe treffen sich jene, die zurückbleiben, und sie feiern, dass sie dem Tod bisher entronnen sind.

Bei diesen Veranstaltungen werden Geschichten aus dem Leben des Verstorbenen zum Besten gegeben, und manchmal enden sie, nach anfänglicher Bedrückung, in fröhlicher Stimmung. Die Lust am Leben triumphiert über die Trauer. Auch wenn die Trauer die am Abend Heimkommenden wieder einholen mag.

Solche Zusammenkünfte nach der Beisetzung sind heute nicht mehr selbstverständlich. Gerade jüngeren Menschen sind sie regelrecht zuwider; die Sorge, nachdem einer beerdigt wurde, könne jemand lachen oder trinken, gar Witze erzählen und ausgelassen sein, stößt sie ab. Dabei wird rasch verkannt, wie heilsam die Wirkung der Gemeinschaft sein kann; man bleibt nicht allein mit der gerade gemachten Erfahrung; schon das tröstet. Im Kollektiv fällt es leichter, der Unbedingtheit des Todes zu trotzen. Es wird ein Fest gefeiert: das des Lebens.

Trauerfeiern sind in der Regel ernste Angelegenheiten, wie gesagt. Doch einmal gab es etwas zum Schmunzeln, als die Aussicht auf das Treffen nach der Bestattung schon einen ersten Schimmer in die dunkle Stunde des Abschieds warf.

Vor der Trauerfeier für Hildegard Moosbach, die mit 55 Jahren zwar relativ früh, doch nach zermürbender Krankheit, lange erwartet und gut vorbereitet, gestorben war, bat mich die Schwester der Toten: „Laden Sie doch bitte noch in unserem Namen die Gäste zum anschließenden Kaffee ein."

„Ja, gerne. Wo findet das statt?", informierte ich mich.

„Auf der Hombacher Allee 128."

„Wie heißt denn das Lokal?", wollte ich wissen.

„Wir kennen den Wirt, deswegen ist es da für uns billiger." Die Schwester druckste aus unerfindlichem Grunde herum, biss sich auf die Lippe, gab schließlich doch den Namen preis ...

Am Ende meiner Ansprache, in der ich das Leben Hildegard Moosbachs gewürdigt hatte, durfte ich noch im Namen der Angehörigen alle Anwesenden zum Kaffeetrinken einladen, jetzt gleich anschließend, auf der Hombacher Allee 128 – im „Närrischen Globus" (das ist das Vereinslokal der Karnevalsgesellschaft Blau-Weiße-Husaren ...).

Und zum Abschluss erklang aus dem Keyboard Händels Largo.

Sind Hunde treuer als Menschen?

„Mein Vater liebte seine Hunde über alles", erklärt mir die Tochter des Verstorbenen. „Ambra und Rex, die waren sein Leben! Jeden Tag ging er mit ihnen morgens, mittags und abends spazieren."

Dann führt sie noch aus, wie er sich um Futter und Pflege der Tiere kümmerte und sie schließt: „Hunde sind treuer als Menschen."

Das sehe ich anders! Die Hunde mögen an ihrem Herrchen hängen, ihm ergeben sein. Aber die Kreatur ist auf Gehorsam trainiert. Sie ist abhängig von der menschlichen

Fürsorge. Das Verhältnis zwischen Mensch und Hund mag intensiv sein, aber es findet nicht auf der gleichen Ebene statt. Beziehungen zwischen Menschen sind ganz anderen Bedingungen unterworfen – komplexeren, komplizierteren. Deswegen sind auch Ehen, Freundschaften, Eltern-Kind-Beziehungen zerbrechlich, steter Veränderung unterworfen und zum Scheitern verurteilt, wenn keine Entwicklung stattfindet.

„Hunde sind treuer als Menschen." Ich glaube das nicht. Gibt diese Äußerung nicht vielmehr Auskunft über herbe Enttäuschungen, die derjenige erlitten hat, der dies behauptet? „Der Hund blieb mir im Sturme treu, der Mensch nicht mal im Winde", heißt es in einem Gedicht, das die Vierbeiner glorifiziert.

Aber ich will nicht debattieren. Nicht weil ich zu feige bin, eine abweichende Meinung kundzutun. Trauerge-spräche sind einfach nicht die passende Gelegenheit für Diskussionen über Lebenseinstellungen. Hier ist nicht meine *Meinung* gefragt, sondern mein *Dienst*. Ich habe mich zurückzunehmen. Manchmal fällt mir das schwer. Also ant-worte ich auf den Satz „Hunde sind treuer als Menschen" nur: „Wahrscheinlich haben Sie diese Erfahrung gemacht." Die Tochter nickt zustimmend, gibt aber keine Beispiele preis.

Wie ernst es ihr ist mit der Liebe zwischen Hunden und Vater, sehe ich drei Wochen später, am Tag der Beerdigung (zwischenzeitlich war der Leichnam eingeäschert worden): Am Eingang der Friedhofskapelle sitzen Ambra und Rex still mit eingezogenen Schwänzen. Ein Grinsen huscht mir übers Gesicht, aber ich lasse mir nichts anmerken. Irgend-wie passt es ja auch, dass die Tiere bei dieser Verabschie-dung dabei sind.

Die Feier beginnt mit einem Musikstück, ich schreite durch die Reihen vor zur Urne – und muss dann doch die Luft anhalten, schlucken. Da steht ein großer Kranz aus Rosen, zwei weiße Schleifen daran. Auf der linken steht in goldenen Buchstaben „Auf Wiedersehen", auf der rechten „Ambra und Rex".

Ob es im Jenseits ein Wiedersehen mit vertrauten Tieren gibt, vom Hamster über den Goldfisch oder den Kanarienvogel bis zum Reitpferd, ich weiß es nicht. Doch was soll ich mich mit metaphysischen Problemen beschäftigen, wo doch diese Welt schon genügend Geheimnisse birgt.

Ein schnelles Ende

Heinrich Lemmer, von allen Heini genannt, war ein stiller Mann. So still, dass er seine Frau bat, ins obere Stockwerk zu gehen, wenn sie Musik hören wollte. Sie tat das ohne Murren und akzeptierte seinen Wunsch. Auch die Trauerfeier war von feierlicher Stille umrahmt, ohne Musik. Wir gedachten eines Handwerksmeisters in Rente, den alle, die ihn kannten, mochten.

An einem Samstag war er völlig überraschend gestorben. Er saß in seiner Sofaecke vor dem Fernseher, wie jeden Abend; die Frau spülte das Geschirr vom Abendessen. Sie hörte nur ein lautes Röcheln, lief zu ihm, der gerade seinen letzten Atemzug getan hatte. Der Notarztwagen wollte ihn schon nicht mehr mitnehmen. Heini Lemmer war an einem Herzinfarkt gestorben.

Beim Vorgespräch zeigt mir die Witwe ein Foto: das Hochzeitsfoto. Ehrlich gesagt, glücklich sieht der Bräutigam nicht aus. Es war für beide die zweite Ehe. Sie ist bereits einmal verwitwet. Bei ihrem Mann war die Sache komplizierter.

Herr Lemmer und seine erste Frau trennten sich nach ein paar Ehejahren. Einige Monate später (die beiden waren noch nicht geschieden) fuhr die Frau morgens mit dem Auto davon – und kam nie wieder zurück. Eine Story, wie man sie manchmal in Illustrierten liest: einfach abgehauen! Ob sie irgendwo untergetaucht ist, sich ins Ausland abgesetzt hat, ob sie Opfer eines Unfalls oder Verbrechens wurde, niemand weiß es. Kein Abschiedsbrief, keine Reaktion über all die Jahre hinweg, auch einen Leichnam fand man nicht. Mehrmals wurde der Mann ins Schauhaus gerufen; keine der Toten konnte er als seine Frau identifizieren. Nach zehn Jahren erklärte man sie amtlich für tot.

Von all dem erwähne ich bei der Trauerfeier nichts. Nur eine Tochter „aus erster Ehe" flechte ich mit ein; ihre Existenz braucht schließlich nicht verschwiegen zu werden. Zudem sitzt die Enkelin, ein achtjähriges Mädchen mit blonden Zöpfen, in der ersten Reihe.

Heinrich Lemmer, von allen Heini genannt, wurde unter großer Anteilnahme der Familie, der Nachbarn und ehemaligen Kollegen zu Grabe getragen. 69 Jahre: Das war nicht mehr richtig jung und auch noch nicht richtig alt. Sein Ende kam schnell, schneller als erwartet. Für alle Gäste auf dem Friedhof eine Mahnung, jeden Tag bereit zu sein.

Erntezeit

Schweinebraten gab es, wie es sich für einen Feiertag gehört, dazu Klöße und Rotkraut. Vorher eine Hühnerbrühe, zum Nachtisch Vanilleeis – ein geradezu klassisches Mahl.

Anton Schreiber, ein Greis von 96 Jahren, hatte noch alles genossen an jenem ersten Weihnachtstag. Nach dem Essen wollte er sich ein wenig hinlegen, bevor am Nachmittag zum Kaffee die Kinder, Enkel und Urenkel kommen wollten. Seine Frau, selbst schon eine betagte Dame, aber noch erstaunlich fit, schickte ihren Gemahl zu Bett; er sollte sein Nickerchen machen.

„Am Vortag hat er noch zehn Kniebeugen gemacht", sagt sie voller Bewunderung. „Hier in der Küche. Können Sie sich das vorstellen?"

Bedaure, ich verneine achtungsvoll.

Ja, und dann legte Anton Schreiber sich ins frisch gemachte Bett, Beine hoch, und starb. Ruhig, friedlich, schnell. Die Frau merkte es erst, als sie ihn wecken wollte. Sie rief noch den Notarzt (um das Gewissen zu beruhigen); er konnte nur mehr den Tod feststellen.

„Er ist gut gestorben", sagte die Frau. Klang da vielleicht ein Hauch von Neid mit über diesen Bilderbuchtod? Geradezu ideal: einschlafen und einfach nicht mehr aufwachen. Wünschen sich das nicht viele? Keine Qualen, keine Leiden. Ohne große Vorankündigung; und das nach einem schönen gemeinsamen Heiligabend ...

Frau Schreiber war nicht neidisch. Sie gönnte ihrem Mann diesen leichten Abschied. Und als ich am Grab nach einem passenden Vergleich suchte, meinte, er sei gepflückt worden wie eine reife Frucht – da nickte die Witwe lächelnd. Sie hatte in ihrem langen Leben viele Menschen sterben sehen (darunter eine eigene Tochter im Alter von vierzig Jahren), sie war mit der Sterblichkeit des Menschen versöhnt. Auch mit ihrer eigenen. Darum beneidete *ich* sie.

Und nachher Freibier, auf mein Wohl!

„Am Freitag waren wir mal wieder auf dem Friedhof; die alte Frau Mikoteit ist gestorben", berichtet Mutter die Neuigkeiten aus meiner Heimatgemeinde beim wöchentlichen Telefonat am Montagmorgen.

„Äh, sag mal schnell: Wer war das denn?", bitte ich zögernd um Hilfe.

„Das ist doch Ellas Schwester!"

„So!", lüge ich verlegen, denn wer Ella ist, kommt mir im Augenblick auch nicht in den Sinn.

„Und am Mittwoch ist der Rudi Urberg dran; den kennst du aber! Herzschlag."

Natürlich, den Rudi Urberg kannte ich: Ein Mann, der verschiedene Pöstchen in der Kirchengemeinde inne hatte. Zwar habe ich ihn seit meinem Auszug aus dem elterlichen Haus nicht mehr gesehen (also mindestens seit 15 Jahren), aber, wie auch immer: Er ist jetzt tot, und ich wünsche ihm, er möge ruhen in Frieden.

Mutter hält mich auf dem neuesten Stand. Dass sich unser Interesse an diesen Todesnachrichten unterscheidet, liegt auf der Hand. Erstens kannte sie die Verstorbenen viel besser als ich, teilte mit ihnen reichlich Erlebnisse. Und zweitens ist das ihre Generation, die langsam, aber sicher abtritt. Man spürt, dass man in der Reihe der Kandidaten unaufhaltsam aufrückt. Zwar ist schon mit fünfzig die Lebensmitte in der Regel überschritten, aber die Wahrscheinlichkeit zu sterben, nimmt mit jedem Jahr zu.

Zumindest statistisch. Die Realität hält sich nicht an Lebenserwartungen. Mancher wird viel älter (ob er will oder nicht), ein anderer muss vor der Zeit gehen. Es gibt Leute, die meinen, man solle sich erst mit dem Thema Tod auseinandersetzen, wenn es quasi vor der Tür steht: ab dem 75. Geburtstag etwa. Als in einer von mir geleiteten Schreibwerkstatt (das ist ein Literaturkurs, in dem die Teilnehmerinnen und Teilnehmer eigene Texte zur Diskussion stellen) eine 21-jährige Autorin einen Essay über den Tod vorstellte, entstanden fast Tumulte. Anerkennung für Mut, Ehrlichkeit und Einfühlungsvermögen zollten die einen. Radikales Unverständnis signalisierten die anderen: Wie kann sich ein Mädchen mit so düsteren Sachen abgeben? Das Leben genießen solle sie, verdammt noch mal. Das Thema gehe sie doch gar nichts an ... Dass die Autorin als Heranwachsende magersüchtig und dem Tod schon recht nahe gewesen war, wusste nicht jeder in der Runde.

Ich war noch nie in bewusster Todesgefahr. Die paar narkotisierten Operationen waren medizinische Standardverfahren; ich fürchtete nichts. Der Unfall, bei dem das Auto auf verschneiter Straße von der Fahrbahn abkam und wir

kopfüber im Graben landeten (ich war Beifahrer und ange-
schnallt), verlief so glimpflich, wie es glimpflicher nicht
hätte sein können. Kein Bruch, keine Schramme, auch der
Schock hielt sich in Grenzen.

Als sich im Februar 2000 in Brühl ein schweres Zugun-
glück ereignete, bei dem neun Menschen zu Tode kamen,
da musste ich schlucken: Wie oft bin ich schon die Strecke
Köln–Bonn via Brühl gefahren, sogar mit dem D-Zug, der
kurz vor Mitternacht in der Domstadt losfährt. Dazu all
die Fälle, wo das Schicksal gnädig verhindert hat, dass sich
zwei Kausalketten kreuzten: Wie vielen Verkehrsunfällen,
Vergiftungen, Stromschlägen etc. ich entgangen bin, weiß
ich ja gar nicht.

Und wenn es dann soweit ist – habe ich vorgesorgt? Ein
Testament habe ich noch nicht verfasst; nichts zu holen,
und die gesetzliche Erbfolge regelt alles genügend, solange
meine Frau lebt. Wichtiger als die Frage, wer beispielsweise
meine kleine Bibliothek bekommt, ist mir, dass ich ohne
groben Zank aus der Welt scheide. Mit niemandem will
ich verfeindet sein. Und immer, wenn eines meiner Kinder
morgens wütend das Haus verlässt, weil es irgendwelche
Unstimmigkeiten beim Frühstück gegeben hat, hoffe ich
inständig, dass wir uns mittags wiedersehen. Um uns vertragen zu können.

Was meine Beerdigung angeht, so habe ich keine
Rechte anzumelden, Wünsche jedoch darf ich vortragen.
Als Jugendlicher (damals war ich richtig fromm) hatte
ich schon den ganzen Gottesdienstablauf geplant und
lauter Lieder aus dem Gesangbuch ausgewählt. Natürlich gehörte mein Lieblingschoral „Wir sind nur Gast auf
Erden" dazu (Nr. 656). Dessen fünf Strophen kann ich
bis heute auswendig. Jetzt würde ich nicht mehr so prä-
zise bestimmen wollen. Gegen Bachs h-Moll-Messe oder
Dvořáks Requiem hätte ich zwar nichts einzuwenden,
aber das ist ja alles viel zu lang, und wer soll eine solche
Aufführung bezahlen? Es geht also auch mit normalen

Liedern, vielleicht traurige Weisen und Auferstehungs-
lieder gemischt. Einen Haufen Messdiener soll es geben,
Weihrauch, Kerzen, Fahnen! Ein Gesteck aus Margeriten
auf dem Sarg, denn ich bitte um Erdbestattung; Kremieren
halte ich für unnötige Umweltbelastung.

Die Ansprache sollen Freunde halten; am besten kommt
einfach nach vorn, wer etwas sagen will. Auch Gedichte
wären schön, vielleicht ein paar Verse von Charles Bukows-
ki, diesem verlotterten Lebenskünstler. Auf dem letzten
Weg möge dann gesungen werden: „So nimm denn meine
Hände." Oder ein Spiritual, das alle kennen. Wäre toll,
wenn meine Brüder am Sarg mit anpackten, dem preiswer-
testen übrigens, der aufzutreiben ist. Und alle werfen eine
Schüppe Sand ins Grab, schaufeln es gemeinsam zu, wie es
auch bei den Muslimen Sitte ist.

Dann wird gefeiert: Ein Fest mit Musik und Tanz. Die
Blues Brothers erklingen, Tom Waits, Reinhard Mey, auch
Jazz und Klassik. Streuselkuchen wird gereicht, wie es der
rheinische Brauch will, dazu etwas zum Warm- und Satt-
werden, starken Kaffee und Whisky und Zigarren ... Ich
schätze, ich muss vorher tüchtig sparen! –

Das sind vielleicht infantile Spinnereien. Als Kind habe
ich mir manchmal gewünscht, tot umzufallen, wenn ich
mich über meine Mutter ärgerte. Damit wollte ich sie
bestrafen. Und dann malte ich mir in den herrlichsten Bil-
dern aus, wie alle gramgebeugt hinter meinem Sarg herzie-
hen würden, wie sie weinen und irgendetwas wie „Georg,
Liebster!" schluchzen würden; wunderbar!

Der Verstand sagt mir, dem Erwachsenen, keineswegs
sei sicher, dass überhaupt jemand mein Ableben bedauern
würde; möglicherweise löst mein Abschied Erleichterung
aus? Große Inszenierungsentwürfe könne ich mir folglich
sparen.

Meine schönen Träumereien von einer Beerdigung, die
man nie vergisst, hängen mit meinem Leben zusammen:
Ich sehne mich nach Menschen, die mich lieben, hier und

jetzt, die bereit sind, um mich zu trauern, wenn es soweit ist. Und eigentlich soll ihnen nicht nur meine Beerdigung in Erinnerung bleiben, sondern der Mensch namens Georg Schwikart. Die uralte Sehnsucht nach Unsterblichkeit, so schlicht, so stark.

Möge das nie geschehen

Die Zeremonien zu Geburt, Hochzeit und Tod sind Live-Veranstaltungen. Doch während außergewöhnliche Vorkommnisse bei Taufe und Eheschließung zur Erheiterung beitragen mögen – ein schief sitzendes Gewand des Pfarrers lässt schmunzeln – so ist das bei Trauerfeiern anders. Da muss alles dem Ernst angemessen sein. Da ist kaum Raum für Spontaneität oder Improvisation, da muss alles stimmen. Trotzdem kommt es vor, dass die Musikanlage verrückt spielt und immer wieder den Liedanfang wiederholt; auch ist schon mal ein Träger recht alkoholisiert, und man bangt, ob er den Sarg festhält oder der Sarg ihn; und wenn das Loch zu schmal ist, das Erdmöbel schief hängen bleibt – alles nur peinlich. Fast hätten wir einmal nur die leere Überurne bestattet; der Behälter mit der Asche war einfach vergessen worden ...

Schlimme Phantasie von mir: Ich komme zu spät und alle warten genervt auf mein Erscheinen. Ich würde mich nur verhaspeln. Wie unangenehm für alle Beteiligten. GAU (Größter Anzunehmender Unfall) aber wäre: Ich spreche vor dem falschen Sarg. Gottlob ist mir das nie passiert. Dennoch erzählt die abschließende Geschichte genau von diesem Problem. Sie ist die einzige frei erfundene Story in diesem Buch. Augenzwinkernd nimmt sie meinen Stand aufs Korn, dokumentiert aber auch die Verantwortung eines Trauerredners: Was er sagt, beziehen die Menschen, die ihm vertrauen, auf sich. – Ich verabschiede mich also mit:

Emmi wird mir fehlen

Es lag nur daran, dass ich mich nie auf meine Armbanduhr verlassen konnte. Zwar hatte ich als Trauerredner schon eine gewisse Routine. An die fünf Dutzend Särge oder Urnen waren während meiner salbungsvollen Ansprachen in die Erde versenkt worden. Oberstes Gebot: Gute Vorbereitung und ein würdiger Ablauf. Denn, so mahnte mein Bestattungsunternehmer weise, Beerdigungen könnten – im Gegensatz zu Hochzeiten – nicht wiederholt werden.

Als ich also knapp, aber meinem Gefühl nach nicht zu spät, auf dem Friedhof eintraf, hieß es, wir könnten sofort anfangen. Ich rückte noch einmal meine Krawatte zurecht und zog gemessenen Schrittes, von Harmoniumklängen geleitet, in die Kapelle. Stand einen Moment vor dem Sarg, wollte mich gerade sacht verneigen, mich der Trauergemeinde zuwenden und loslegen – da fiel mein Blick auf eine Kranzschleife: „Emmi, wir werden dich nie vergessen". Emmi? Ein Adrenalinausstoß ließ mich fast ohnmächtig werden. Ich war auf Konrad Katoschek vorbereitet, einen pensionierten Schaffner, der gerne getrunken und sein Auto poliert hatte, der nie vergaß, den Kanarienvogel zu füttern, seiner Frau jedoch solche Fürsorge versagte. So schilderte zumindest die Witwe ihren Gatten. Ein ehemaliger Protestant, der schon in den fünfziger Jahren wegen der Versöhnungspolitik mit Polen aus der Kirche ausgetreten war.

In dem mit violetten Tulpen und weißen Rosen geschmückten Sarg lag also nicht Konrad, sondern Emmi. Einen Augenblick lang erwog ich zu flüchten, doch ich hörte, wie der Organist gerade in die letzte Schleife von „So nimm denn meine Hände" einbog. Ich biss mir auf die Lippe. Vorhang auf:

„Verehrte Trauergäste, wir nehmen heute Morgen Abschied von unserer lieben Verstorbenen, die für Sie alle eigentlich immer nur 'die' Emmi war!" Die Damen in der ersten Reihe nickten weinend. „Kein leichtes Leben liegt hinter ihr, aber bei dem Auf und Ab durch die Wogen der Zeit hielt sie immer Kurs." Nicken und Taschentücher. „Die Erinnerung an Emmi wird nie aufhören. Und wenn wir auch traurig sind, sie verloren zu haben – so wollen wir doch auch dankbar sein, dass unsere Wege für eine gewisse Zeit gemeinsam verliefen." Nicken, Tränen, Taschentücher. Am offenen Grab betonte ich noch, niemand habe Emmi ins tiefste Herz schauen können, und sprach ein Vaterunser.

Geschafft trat ich den Rückweg zur Kapelle an. Eine Dame aus der Trauergemeinde überholte mich. Ich fürchtete ein Strafgericht, doch die Dame nahm meine Hand in ihre und bedankte sich: „Sie müssen Emmi gut gekannt haben, Sie haben alles so behutsam und doch so treffend ausgedrückt."

Als ich wieder an der Kapelle angekommen war, empfing mich mein Bestatter ungeduldig: „Wir warten auf Sie. Die Trauerrede Katoschek. Sie sind doch vorbereitet, oder?" Souverän konterte ich: „Ich bin immer vorbereitet." ... Und das Harmonium spielte das Ave Maria.

V. Ein Thema, mit dem man nie fertig wird

Wenn wieder ein Bekannter gestorben ist: überrascht es Sie, wie selbstverständlich es Ihnen ist, dass die anderen sterben? Und wenn nicht: haben Sie dann das Gefühl, dass er Ihnen etwas voraus hat, oder fühlen Sie sich überlegen?

MAX FRISCH

Chronik eines Abschieds

Eigenartig, wie sehr uns immer wieder überraschen kann, wenn sich bestätigt, was wir eigentlich mit Sicherheit zu wissen meinen: dass der Tod kommt, wann er will! Alles Kopfwissen wird von der Realität übertroffen ...

Das Manuskript für dieses Buch war bereits fertig und lag bei einer Freundin in Rutesheim zur Korrektur. Ich habe es gelassen, wie es war, nur um dieses Kapitel erweitert.

Ich also befand mich im württembergischen Calw, der Geburtsstadt Hermann Hesses, auf einem Kongress. Beim Frühstück hieß es: „Herr Schwikart, Telefon für Sie."

Solch einen Anruf bekommt man nur einmal im Leben. Ich nahm im Büro des Tagungshauses den Hörer ab. Ohne Umschweife forderte ich meine Frau auf: „Judith, sag's gleich: Meine Mutter ist tot!"

„Setz dich hin", gab sie zurück und brach in Tränen aus. „Sie ist diese Nacht gestorben!"

Es war, als täte sich unter mir die Erde auf.

Zweieinhalb Wochen zuvor ist meine Mutter mit einer Reisegruppe nach Israel gestartet. Ihre fünfte Reise ins Heilige Land. Am Ankunftstag schon, auf dem Flughafen Tel Aviv, wird sie beim Einladen des Koffers in den Reisebus geschubst und stürzt rückwärts. Starke Schmerzen durchfahren ihren Rücken. Sie bittet an Ort und Stelle um einen Arzt; der Reiseleiter fordert sie auf, sich nicht so anzustellen. Die anderen Gäste drängen ins Hotel; man hat Hunger und ist müde. Zwei weitere Male wird ihrer Bitte, einen Arzt zu rufen, nicht entsprochen: Dafür sei es zu spät, heißt es, oder der sei zu teuer. Die Reisegruppe unternimmt den ersten Ausflug ohne sie. Erst am Abend des zweiten Tages überweist sie ein Arzt ins Krankenhaus. Dort diagnostiziert man drei gebrochene Lendenwirbel.

Mutter hat ihre ersten Eindrücke in einem Schreibheft gesammelt. Sie berichtet von ihrer schlimmen Pein, dem endlosen Warten auf Hilfe, den anderen Patienten: um sie herum Araber und Juden mit großen Familien, ein Sprachgemisch wie beim Turmbau zu Babel. Und mittendrin „Ursula aus Germania", deren Hebräischkenntnisse über „Schalom" kaum hinausgehen; ihr Englisch ist auch bescheiden. „Als ich da so lag, allein zwischen all den fremden Menschen", erzählt sie nach ihrer Heimkehr, „da machte ich die Augen zu und dachte an alle meine Kinder. Der Reihe nach ging ich euch durch und war beruhigt: Die denken jetzt an mich. Und da fiel mir plötzlich ein: Die wissen ja gar nicht, dass ich hier liege!" Sie fühlt sich verlassen von Gott und der Welt. Einsame Stunden der Angst hat sie durchzustehen.

Als ich von dem Unfall erfahre, erwäge ich spontan, nach Israel zu reisen, um die völlig auf sich gestellte Frau zu unterstützen. Es heißt jedoch, der Rückflug solle am folgenden Tag stattfinden. Dann folgt eine Enttäuschung nach der anderen. Der Rücktransport verzögert sich um eine ganze Woche. – Ihre Reisegruppe hat sich nicht *einmal* nach ihr erkundigt. Diese Christen sind viel zu beschäftigt, wandeln auf den Spuren Jesu.

Am Ankunftstag darf ich zusammen mit einer meiner Schwestern auf die Intensivstation des Monheimer Krankenhauses. Die Frau im ersten Bett an der Tür – das ist Mutter? Die Augen dunkel unterlaufen, die Wangenknochen hervortretend, das Haar aschgrau und wirr. Mir schießen Tränen in die Augen. Ihre Stimme klingt gebrochen: „Ich habe eure Stimmen schon erkannt. Die Älteste und der Jüngste!" Und dann (was wir von ihr nicht kennen) weint sie, lächelnd. Wir herzen uns, so gut das geht bei den Kabeln und Schläuchen. Jedes der Kinder hält eine Hand; Kanülen stecken darin, nur die Finger können wir umschließen. Mutter streichelt schwach mit dem Daumen.

Mutters Anblick aber hat mich geschockt. So „kaputt" habe ich sie nie zuvor gesehen. Mir ist klar, dass diese

Angelegenheit nicht spurlos an ihr vorübergehen wird. Das Alter ist ganz plötzlich über sie hereingebrochen. Als ob die Last ihres Lebens, die sie bisher so souverän getragen hat, sie nun erdrücken würde.

Ich reise am Donnerstag nach Calw. In Monheim freuen sich die Ärzte: Es hat wohl ein Medikament angeschlagen. Das Herz hat sich normalisiert. Nach einer Woche kann sie die Intensivstation verlassen und auf das längst reservierte Einzelzimmer verlegt werden. Dort: Endlich Ruhe! Keine sterbenden Leute neben sich. Nicht Tag und Nacht Doktoren und Schwestern am Bett. Keine Leitungen mehr im Körper. Und Besuchszeit nicht nur zwei Stündchen am Tag.

Gegen 23 Uhr erhält meine Schwester einen Anruf: „Ich muss Ihnen die traurige Mitteilung machen ..."

– Wie kann das sein? Warum ausgerechnet an jenem Tag, da sich Hoffnung abzeichnete? Warum versagte das Herz in jener Situation, da man es wieder als stabil betrachtete? War Mutter so sehr erschöpft, dass ihr nur noch ein ewiger Schlaf Erholung verschaffen konnte? Sie hatte ja bei meinen Besuchen – im wahrsten Sinne – todmüde ausgesehen. Ihr war der Tod ins Gesicht geschrieben, sie hatte auf mich wie eine „Kandidatin für den letzten Weg" gewirkt.

„Die Ursula ist tot", das verbreitet sich wie ein Lauffeuer in meinem Heimatort Baumberg. Ich reise heim und fahre zu meinem Elternhaus, nachdem ich die Todesnachricht erhalten habe. Dort sind schon die anderen Geschwister versammelt. Uns eint eine hemmungslose Traurigkeit. Man will es nicht fassen: Da soll niemand mehr sein, zu dem wir *Mutter* sagen können?

Am Abend treffe ich eine weinende Frau, die sich an meinen Hals wirft. Sie weint mit mir, aber sie weint auch um sich. Denn wir haben unsere Mutter, aber die Frau und andere Menschen haben eine Freundin verloren. Wer wollte den Verlust gewichten? Ursula gehörte niemandem, Ursula gehörte allen.

Zwei Tage darauf können wir Mutter noch einmal im

offenen Sarg sehen. Schweigend nähern wir uns ihr. Sie trägt eigene Kleider. Vom warmen Kerzenlicht beschienen, liegt sie friedlich da. Meine Schwester legt Mutter ihren Rosenkranz um die gefalteten Hände. Ich bete für die Jerusalempilgerin das Kaddisch. Bevor ich gehe, trete ich noch einmal vor und streichle Mutter die Hand; sie ist eiskalt. Gern hätte ich sie noch einmal auf die Stirn geküsst. Aber mir ist plötzlich klar: Das ist schon nicht mehr meine Mutter, das ist nur ein Leichnam, etwas Totes. Hiervon kann ich Abschied nehmen. Das, was Mutter zu Mutter gemacht hat, ist nicht mehr hier. Für mich hat der Anblick nichts Gespenstisches, nichts Beklemmendes. Ein toter Mensch ist ein ungewöhnlicher Anblick, gewiss. Aber vielleicht kann dieser Anblick die Loslösung erleichtern helfen? Meine Kinder sind ziemlich gefasst. Als habe sie eine Maske aufgehabt, kommentiert der neunjährige Lukas. Das ist eben schon nicht mehr die Oma, die er kennt.

Dienstag. Tag der Beisetzung. Tag des Abschieds. Schrecklicher Tag. Notwendiger Tag. Früh am Morgen gehe ich auf den Friedhof. Dort steht die Kapelle sperrangelweit offen. In ihr einzig Mutters Sarg, ohne Kerzen, ohne Blumen. Das tut gut. Ich streiche mit der Hand über das helle Holz. Die Totengräber schaufeln noch von Hand das Grab meines Vaters aus. Ich will wissen, ob man Knochen findet. Nee, schütteln sie den Kopf. Da sei nix mehr, nur noch die Griffe vom ersten Sarg. Sie weisen auf eine Planke auf dem Erdhügel. Die haben die 33 Jahre überstanden ...

Dann erwarte ich auf dem Platz vor der Kirche die Gäste. Sie treffen ein: Familienangehörige, die ich seit Jahren nicht mehr gesehen habe, Freundinnen und Freunde meiner Mutter, Bekannte, Nachbarn, Vertreter der Vereine, Leute aus dem Ort. Sie alle machen diesen Abschiedsgottesdienst zu einem Fest.

In den ersten Bänken: sieben Kinder, sieben Schwiegerkinder und siebzehn Enkel. Einer fehlt, weil er gerade mit der Schule in Norwegen ist. Er weiß noch nicht Bescheid, wird erst in ein paar Tagen nach Hause kommen und es dann von seinen Eltern erfahren.

Die Messe wird zu einem Hochamt besonderer Art. Wir singen schniefend das erste Lied, einen Lobgesang: „Dass du mich einstimmen lässt in deinen Jubel, o Herr, das erhebt meine Seele zu dir!" Nun bin ich dran. Ich will nur ein kurzes Wort an die Trauergemeinde richten, von unserem Dank für diese großartige Frau Zeugnis ablegen. Beim ersten Satz zittert die Stimme. Aber dann wächst mir Kraft zu. Rosemarie, Gretl, Inge haben mir vorher Mut zugesprochen: „Du schaffst das!" Und ich schaffe es, kann meine Worte mit fester Stimme vortragen. Im lächelnden Gesicht der Frau Schmitz suche ich Halt.

In der Bank neben mir sitzen fünf Enkelinnen der Verstorbenen, die weinen, was das Zeug hält. Schon ein völlig Unbeteiligter hätte aus Mitleid mitheulen müssen. Die Tränen vereinen Junge und Alte, Frauen und Männer, Nahe und Ferne. Der Pfarrer spricht ganz persönliche Worte; das macht sie überzeugend.

Auf dem Friedhof setzt sich der Zug in Bewegung: Söhne, Schwiegersohn, Enkel ziehen den Sarg. Er ist schwerer als erwartet. Ich drehe mich um und blicke auf die lange Prozession. Mutters letzter Weg – eine Demonstration der Sympathie! Mir tut es gut, hier Hand anlegen zu können. Auch wenn es nur für zweihundert Meter ist.

Beim anschließenden Kaffee im Pfarrheim kann ich mich kaum retten vor Umarmungen, Küssen, Tränen, Händeschütteln, guten Worten. Alles kommt von Herzen, ich sauge jedes Zeichen der Anteilnahme dankbar auf. Bei Streuselkuchen und belegten Brötchen erwachen die Lebensgeister. Anekdoten werden erzählt. Aus einer Ecke ist das erste Lachen zu vernehmen, befreiend! Die Kinder tollen durch den Garten. Eines hat einen alten Autoreifen entdeckt.

Als wir mittags ins Elternhaus ziehen, haben wir das wohltuende Gefühl, unserer Mutter einen würdigen Abschied bereitet zu haben. Es war ein Fest, bei dem sie im Mittelpunkt stand. „Sie würde es genossen haben", sage ich zu Toffy. Er verbessert: „Sie hat es genossen!"

Im Haus versammelt sich dann eine Runde in Mutters Räumen – zum ersten Mal ohne sie. Und doch ist sie mitten unter uns. Wer will, bekommt einen Schnaps aus ihrem Vorrat. Alle wollen. „Weißt du noch?", fängt einer an, und alle können eine Geschichte erzählen. Beim Abendessen sagt der kleine Johannes während des Kauens: „Ich freue mich, wenn ich tot bin." Seinem Vater bleibt vor Verblüffung der Mund offen stehen. „Dann sehe ich die Oma wieder", fährt der Kleine fort und beißt ins Salamibrot.

Was für ein Tag! Intensiv war er, auf eine eigene Art schön wegen seiner Herzlichkeit und Gemeinschaft. Wir haben getrauert, aber wir haben gelebt!

Mich erreichen Kondolenzanrufe und -briefe auch von Leuten, die meine Mutter gar nicht kannten – aus echtem „Mit-Leiden". Einer meint, er habe jahrelang von seiner verstorbenen Mutter geträumt. Das Verhältnis sei aber auch ziemlich mies gewesen. Mein Verhältnis war klasse, gebe ich zurück. Er bedauert mich: Dann sei ja alles noch schlimmer. Nein, das glaube ich nicht: Wir durften in Frieden auseinandergehen, in Liebe. Das macht es unterm Strich leichter.

Und die Erinnerungen prasseln auf mich ein: Wie das war, als Mutter damals überraschend am Nikolausabend vor der Tür in Tübingen stand. Wie wir zu zweit nach Assisi pilgerten. Wie wir letztes Jahr London unsicher machten. Wie sie mich während des Studiums in Neuburg besuchen kam und ich sie im Hotel sitzen ließ, weil ich keine Minute von meiner Freundin getrennt sein konnte. Ich denke an ihre Vorliebe für Buttercreme und ihren Appetit auf Reibekuchen. Ich höre ihre Stimme am Telefon und ihr Schimpfen beim Skatdreschen. Im Karneval lief sie zur Hochform auf, sie genoss die Zeitungsartikel über die Auftritte. Mir kommen Szenen der Kindheit in den Sinn: wie wir dienstags in Benrath schwimmen gingen und anschließend Fischbrötchen aßen; wie wir auf den Düsseldorfer Weihnachtsmarkt fuhren und sie mir in die eiskalten Hände hauchte. Ich sehe ihr glückliches Gesicht, wenn sie etwas verschenken konnte! Ich bin umgeben von Dingen, die sie mir geschenkt hat: ungezählte Bücher, mein Füllfederhalter, die Don-Quichotte-Figur auf der Fensterbank, das weiße Hemd mit Stehkragen, selbstgemalte Mandalas, eine Marionette, die mich darstellt, der Schreibtisch vom Antiquitätentrödelmarkt ...

Wichtiger aber sind die Gaben der Liebe: Ich darf sein, wie ich bin; ich werde angenommen, Vertrauen ist möglich – mit diesen Botschaften hat sie das Werden meiner Persönlichkeit wesentlich beeinflusst. Mutter hat mir ihren Optimismus vererbt und ihre Fähigkeit, auf Menschen zuzugehen.

Ostern steht vor der Tür. Ich nehme Zuflucht zur uralten Sehnsucht, die wir unbeholfen „Gott" nennen, der im „Himmel" für uns einen Platz bereitet hat. Und einen Platz auf der Erde, den auszufüllen uns aufgegeben ist.

Im Himmel ist heute ein Fest

Im Himmel wird heute ein Fest gefeiert!
Gott selbst empfängt sie und schließt sie in seine Arme: die Ursula – unsere Mutter, Schwiegermutter, Oma, unser aller Freundin.

Im Himmel ist heute ein Fest, denn es gibt ein lang erwartetes Wiedersehen: Da freut sich ihr Mann, der Franz, der Ursula so viele Jahre vorausgegangen ist; da warten die Mutter Sibylle und viele andere Verwandte, Bekannte und Freunde.

Ursulas „vorletzte" Fahrt war das, was man einen Flop nennt: Das irdische Jerusalem konnte sie nicht noch einmal sehen. Dafür wird sie jetzt am Ende ihrer letzten Reise im *himmlischen Jerusalem* willkommen geheißen.

Um Ursula brauchen wir uns keine Sorgen mehr zu machen. Sie kann nun ausruhen, nach einem anstrengenden Leben. Sie ist angekommen, nach einem mühsamen Weg.

Als adoptiertes Einzelkind – Halbwaise, der Vater kam aus dem Krieg nicht mehr heim – heiratete sie jung und bekam rasch hintereinander sieben Kinder. Ihren Mann musste sie an ihrem 33. Geburtstag beerdigen. Wer sich vorstellen kann, was das bedeutet, der weiß: Sie hat was geleistet!

Aber nie gab sie ihren Optimismus auf; ihr Dasein war geprägt von ihrem offenherzigen, humorvollen, nie nachtragenden, großzügigen Charakter. Bei ihr fing das Leben nicht erst mit 66 Jahren an; sie lebte intensiv jeden Tag ihres Lebens. Und sie lebte gern!

Dabei hatte sie ihre Kanten und Eigenarten, an denen man sich bisweilen rieb. Doch gilt auch da, was sie mir einmal von einem Traum erzählte, den sie geträumt hatte, als sie noch Küsterin dieser Kirche war:

Mit dem Pastor hatte sie in ihrem Traum aus irgendeinem Grund eine Auseinandersetzung. Mutter aber antwortete ihm sinngemäß, was Jesus einst der Sünderin zusprach: „Ich habe viel geliebt, deshalb wird mir auch viel vergeben!"

Ja, sie hat viel geliebt: Davon zeugt die große Zahl der Menschen, die sich heute von ihr verabschieden. Mutter wäre stolz, euch alle hier versammelt zu sehen – ihr zu Ehren.

Und uns Kindern zeigt das: Sie gehörte nicht uns allein, sie war für so viele eine Frau, die man einfach mochte. Ihre Lebenslust steckte andere an. Auf ihrem 50. Geburtstag sangen wir: „Sag auch du zum Leben Ja! Mach's wie Mutter Ursula!"

Dass wir sie heute schon zu Grabe tragen müssen – unserer Einschätzung nach viel zu früh vor der Zeit – können wir nicht verstehen. Aber heute ist nicht die Stunde des Begreifens, heute ist die Stunde des Trauerns, des Abschiednehmens, des Dankens.

Der Schriftsteller Thornton Wilder schrieb einmal: „Da ist ein Land der Lebenden und ein Land der Toten, und die Brücke zwischen ihnen ist die Liebe."

Die Liebe bleibt! Ursula liebt uns immer noch – und wir lieben sie, solange wir leben.

So sind wir heute unglaublich betrübt, diese großartige Frau loslassen zu müssen, aber wir sind noch mehr, als Worte es zu fassen vermögen, dankbar, dass wir sie hatten, dass sie uns so viel gab, dass sie in unserem Leben da war, dass wir einander liebten.

Das wollen wir jetzt in dieser Abschiedsmesse feiern. Amen.

(Grußwort im Abschiedsgottesdienst für Ursula Schwikart am 11. April 2000)

Vom selben Autor erschienen bei

topos taschenbücher

Georg Schwikart
Bruder Tod
Leben mit der Sterblichkeit

96 Seiten

Band 560
ISBN 978-3-7867-8560-6

www.toposplus.de

Vom selben Autor erschienen bei

topos taschenbücher

Georg Schwikart
Tod und Trauer
in den Weltreligionen

2. Auflage 2010, 112 Seiten

Band 605
ISBN 978-3-8367-0605-6

www.toposplus.de